CW01376118

CROISSANCE ZÉRO
COMMENT ÉVITER LE CHAOS?

DES MÊMES AUTEURS

Les Apprentis Sorciers, Paris, Fayard, 2013.
La France sans ses usines, Paris, Fayard, 2011.
Pourquoi il faut partager les revenus. Le seul antidote à l'appauvrissement collectif, Paris, La Découverte, 2010.
La Liquidité incontrôlable. Qui va maîtriser la monnaie internationale?, Paris, Pearson Education, 2010.
Est-il trop tard pour sauver l'Amérique?, Paris, La Découverte, 2009.
On comprend mieux le monde à travers l'économie, Pearson Education et Les Échos éditions, 2008.
Globalisation, le pire est à venir. Paris, La Découverte, 2008.
Comment nous avons ruiné nos enfants, Paris, La Découverte, 2008.
Le capitalisme est en train de s'autodétruire, Paris, La Découverte, 2007.
La France peut se ressaisir, Paris, Economica, 2004.

PATRICK ARTUS

La Crise de l'euro, avec Isabelle Gravet, Paris, Armand Colin, 2012.
Pourquoi l'Angleterre a perdu. La faillite d'un modèle économique et social, avec Alexis Garatti, Paris, Perrin, 2009.
Sorties de crise. Ce qu'on ne nous dit pas, ce qui nous attend, avec Olivier Pastré, Paris, Perrin, 2009.
Les Incendiaires. Les banques centrales dépassées par la globalisation, Paris, Perrin, 2007.

MARIE-PAULE VIRARD

La finance mène-t-elle le monde?, Paris, Larousse, 2008.

Patrick Artus
Marie-Paule Virard

CROISSANCE ZÉRO COMMENT ÉVITER LE CHAOS ?

Fayard

Ouvrage édité sous la direction d'Olivier Pastré.

Couverture : un chat au plafond

ISBN : 978-2-213-68599-1

© Librairie Arthème Fayard, 2015.

Introduction

Et si la croissance ne revenait pas ? La seule évocation d'une telle éventualité nous remplit d'effroi. N'avons-nous pas été nourris au lait de la croissance depuis notre plus tendre enfance ? En particulier cette génération gâtée qui est entrée dans la vie adulte pendant les Trente Glorieuses et qui tient, pour l'essentiel, aujourd'hui les rênes du pouvoir ? Une génération qui n'est manifestement pas «équipée» pour penser l'impensable : imaginer, accepter et gérer la rareté du produit intérieur brut. Une génération qui a organisé la société autour d'un mouvement continu d'expansion économique, mouvement devenu un facteur essentiel de la concorde sociale et de la vitalité démocratique. Et cette «divine croissance» se déroberait tout à coup sous ses pieds ? Depuis 1945, nous avions oublié que cela pouvait arriver.

Et pourtant. Le doute s'insinue. Nos dirigeants ont beau nous annoncer tous les matins le « retournement » prochain, nous gratifier du récit sans cesse revisité du grand retour de la croissance (de Giscard à Hollande en passant par Mitterrand, Chirac ou Sarkozy), voire nous concocter une « loi sur la croissance », nous sommes de plus en plus perplexes, inquiets des ratés qui depuis quelques années semblent vouloir enrayer le bel ordonnancement des choses : et si l'épisode de croissance forte ouvert avec la révolution industrielle s'achevait avec le siècle qui commence ? Et si les Trente Glorieuses n'avaient été qu'une « parenthèse enchantée » ?

C'est vrai. L'idée d'une croissance infinie est une hypothèse discutable. Pendant la plus grande partie de l'histoire de l'humanité, la production par tête n'a quasiment pas augmenté. La seule croissance enregistrée était due à l'augmentation de la population. C'est seulement au milieu du XVIIIe siècle que le système a commencé à bouger. La production s'est mise à progresser plus vite dans les économies les plus avancées, le Royaume-Uni jusqu'au tournant du XXe siècle, les États-Unis ensuite, jusqu'au pic des années 1970. Puis elle a ralenti à nouveau, en dépit d'un bref sursaut dans les années 1990. Et désormais l'hypothèse est dans toutes les têtes : la croissance de la productivité pourrait bien continuer à piquer du nez au cours du XXIe siècle. L'économiste américain

Robert Gordon, spécialiste de la croissance de long terme dans les pays développés, a même remis au goût de jour le concept de « stagnation séculaire » (*secular stagnation* en anglais).

La théorie n'est pas sortie par hasard de son cerveau enfiévré et de celui de quelques économistes aussi iconoclastes que lui. D'abord, la crise a fait l'effet d'une douche glacée dont l'ampleur a réveillé le souvenir des journées noires des années 1930 et stimulé une réflexion nouvelle destinée à lui donner un sens en la replaçant dans une perspective de longue durée. Ensuite, on s'est rappelé opportunément que l'économie mondiale avait, tel le Petit Poucet, semé quelques indices bien avant 2008, un bouquet de séries statistiques laissant entrevoir un coup de frein généralisé du progrès technique, ou, pour être plus précis, de la productivité globale des facteurs (PGF), autrement dit du carburant essentiel de la croissance potentielle.

La notion de PGF sera omniprésente dans les pages qui vont suivre car elle représente à nos yeux la clé d'une réflexion sur l'avenir de la croissance. Rappelons-en pour commencer une définition rapide, comme le firent probablement les candidats bacheliers des terminales ES invités à plancher, le 19 juin 2014, sur le sujet de l'épreuve de sciences économiques et sociales : « Les facteurs travail et capital sont-ils les seules sources de la croissance économique ? » La réponse est oui, mais à condition qu'à tout moment on se donne les moyens d'optimiser les facteurs de production existants grâce au progrès technique. La production est en effet une fonction croissante du stock de capital et de la quantité de travail. Cette dynamique se heurte toutefois au phénomène des rendements décroissants, comme David Ricardo l'a montré dès le début du XIXe siècle : plus on augmente le stock de capital, moins celui-ci est performant. Pour contrecarrer cette tendance irrésistible selon laquelle la quantité est de moins en moins efficiente, on améliore la « qualité » du capital (innovation) et des hommes (formation). La PGF reflète la capacité d'un pays à créer des richesses non pas simplement en accumulant des facteurs de production (capital et travail), mais en les combinant de la manière la plus efficace possible.

Cette productivité globale des facteurs, dont nous avons fait – en dépit d'un premier abord bien peu « glamour » – l'héroïne de cet ouvrage, décline, stagne et même recule parfois dans certains pays, un mouvement commencé – sans que l'on y ait vraiment pris garde – il y a des années, voire des décennies. Le phénomène touche en priorité les pays « riches », en particulier ceux du continent européen. Mais il n'épargne pas non plus les pays émergents, même si évidemment nous parlons ici en tendance et non pas en niveau. Or l'anémie du progrès technique condamne les économies aux affres de la croissance molle, d'autant plus molle que le vieillissement démographique s'en mêle (ou s'en mêlera rapidement) un peu partout.

La thèse de la stagnation de longue durée, ce nouveau mal du siècle, est donc plus qu'une piste de réflexion : une conjecture fondamentale qu'il est impossible d'écarter d'un revers de main pour n'y plus penser. Peut-être même l'intuition du siècle, car elle nous contraint à oublier nos vieux réflexes et presque tout ce que nous savons (ou croyons savoir). C'est pourquoi nous avons voulu essayer d'en mieux comprendre les racines profondes à travers cinq pistes qui nous semblent essentielles pour expliquer ce qui se joue ici de l'avenir du monde : la perte d'efficacité de la recherche-développement, l'augmentation de l'intensité capitalistique (c'est-à-dire du poids du capital par rapport au travail dans la création de valeur), l'amaigrissement des secteurs (l'industrie) où les gains de productivité sont plus élevés qu'ailleurs, l'insuffisant niveau de qualification de la population active et enfin la portée réelle de ce que l'on appelle couramment la troisième révolution industrielle, autrement dit celle des nouvelles technologies de l'information. Il s'agit aussi, à travers ce voyage dans les entrailles de la PGF, de tenter de comprendre ce que cette rupture remet fondamentalement en cause, sur le plan économique bien sûr, mais aussi sur le plan politique et social.

Car les ravages supposés de la « stagnation séculaire » ne sont pas une matière réservée aux manuels d'économie et autres travaux d'experts. Ils font surtout des dégâts dans la « vraie vie ». Dès lors que l'économie mondiale prospère moins vite et que la plupart des pays « riches » ont cessé de s'enrichir, leurs habitants, de plus en plus nombreux, ont commencé à s'appauvrir. En moyenne, le revenu par tête diminue dans la plupart des pays de l'OCDE. Une baisse de niveau de vie qui s'accompagne d'une augmentation de la précarité, de la pauvreté et du chômage. Nos calculs montrent combien, à long terme, la tendance est mortifère. Comment nous allons tous devenir pauvres (ou presque) : telle est finalement l'histoire que raconte le déclin de la productivité globale des facteurs !

Quoi d'étonnant si l'on sent monter une peur diffuse accompagnée parfois de grosses bouffées de colère ? D'autant que la dégradation des conditions de vie des classes populaires et moyennes va de pair, en Europe comme aux États-Unis et au Japon, avec l'enrichissement accéléré du fameux « 1 % » des plus riches et avec une poussée des inégalités sans équivalent depuis les années 1930. Or le cocktail « stagnation économique + explosion des inégalités » s'annonce détonant. Revenons un instant à notre productivité globale des facteurs. Dans une économie où les gains de productivité progressent rapidement, laisser s'ouvrir l'éventail des inégalités reste supportable. En revanche, dans une économie où ils progressent peu, on fabrique une véritable bombe à retardement. Pour le moment, les mouvements sociaux fleurissent au gré des exaspérations, mais les conflits de répartition ne tarderont pas à se multiplier, et le moindre dérapage incontrôlé peut allumer la mèche.

Certains beaux esprits soutiendront volontiers qu'il est plus que temps d'imaginer un mode d'organisation de l'économie mondiale moins obnubilé par la croissance. Les mêmes martèlent aussi à l'occasion que la croissance ne fait pas le bonheur et qu'il est urgent de privilégier d'autres « valeurs » pour l'humanité. Ces héritiers de Thomas Malthus n'ont sans doute pas tort d'affirmer que le modèle de croissance à l'œuvre dans les pays développés depuis 1945 n'est plus soutenable, ne serait-ce qu'en raison des contraintes écologiques et énergétiques, et aussi de la montée en puissance économique du reste du monde. Pour autant, il est difficile de prétendre que la période que nous venons de vivre depuis 2008 a rendu les gens plus heureux, plus tolérants et plus solidaires. L'absence de croissance nourrit le chômage, la pauvreté, le déclassement et les frustrations diverses plutôt que l'aisance matérielle, la félicité et l'esprit de solidarité. Partout, les inégalités se creusent et la pauvreté gagne du terrain. Voilà pourquoi nous ne faisons pas partie de ceux qui se pincent le nez lorsqu'on parle des bienfaits de la croissance, encore moins des membres actifs du club des croisés de la décroissance. Nous ne pensons pas davantage que la croissance du PIB serait une drogue dont il faudrait se déprendre au plus vite pour vivre enfin heureux. Une théorie pour le moins étrange, voire déplacée, que l'on parle des États-Unis, le pays le plus riche du monde – qui compte pourtant désormais plus de 50 millions de pauvres –, ou de la France, qui affiche plus de 3 millions de chômeurs, autant de précaires et plus de 8 millions de personnes vivant sous le seuil de pauvreté.

Dès lors, comment faire pour imaginer un modèle économique aussi équilibré que possible, capable de concilier l'évolution de nos sociétés avancées et la préservation d'un certain niveau de vie ? Nous ne serons pas sauvés par les politiques monétaires expansionnistes et autres subterfuges du même genre. La maladie requiert un protocole autrement sophistiqué. Nécessaires, les politiques de l'offre qui sont mises en place un peu partout ne représentent elles aussi qu'une petite partie de la solution, surtout si l'explosion annoncée des inégalités devait rendre les efforts associés encore plus insupportables. En exaspérant les tensions, cette poussée inégalitaire replace en tout cas plus que jamais l'État face à ses responsabilités. Car si, faute de création de richesses, le partage du PIB se transforme en jeu à somme nulle parce qu'il n'y a plus de surplus à répartir, aucun groupe social n'aura le moindre intérêt à jouer le jeu du collectif, et nous courrons tout droit à l'explosion des égoïsmes, individuels ou catégoriels. Alors, faudra-t-il choisir entre la croissance et la guerre civile froide ? C'est ce dilemme que nous avons essayé ici à la fois de comprendre et d'exorciser. Croissance zéro : comment éviter le chaos ?

Chapitre 1

Ne rêvons pas, la croissance ne reviendra pas !

C'est le scénario à vous faire dresser les cheveux sur la tête. Que se passerait-il si ce que nous vivons depuis sept ans et qui ressemble fort à une dépression persistante devait durer, non pas quelques mois ni même quelques années, mais quelques décennies ? Qu'adviendrait-il si les revenus, le niveau de vie, de la plupart d'entre nous entraient dans une période glaciaire ? L'hypothèse paraît saugrenue, mais elle est sérieusement débattue un peu partout dans le monde, et d'abord aux États-Unis, qui n'ont pourtant cessé, depuis la fin du XIXe siècle, de repousser les limites de la création de richesses pour devenir, après l'Angleterre, le moteur de la croissance mondiale. La question agite bel et bien les plus beaux esprits de l'intelligentsia américaine. À commencer par Robert Gordon, professeur à l'université Northwestern et célèbre économiste spécialiste de la croissance et de la productivité.

La croissance n'est pas là pour toujours

Le premier temps fort de cet incroyable remue-ménage coïncide avec la publication par cet économiste américain, au milieu de l'été 2012, d'un *working paper*[1] dont le propos est de poser quelques questions fondamentales sur les mécanismes de la croissance. En guise de préambule, l'auteur précise même qu'il entend «questionner l'affirmation, largement partagée depuis les travaux de Solow dans les années 1950, que la croissance économique est un processus continu qui durera toujours». Et, au cas où nous n'aurions pas tout à fait compris son propos, il met les points sur les i : « Mon article suggère que la croissance rapide observée au cours des 250 dernières années pourrait bien être un épisode unique dans l'histoire de l'humanité.» Stupeur et tremblements! Depuis bientôt trois ans, le «théorème de

---

1. «*Is US Economic Growth Over? Faltering Innovation Confronts the Six Headwinds*», National Bureau of Economic Research, Working Paper 18315, août 2012, www.nber.org/papers/w18315

Gordon » suscite une avalanche de travaux en tout genre et autant de débats. De Washington à Boston en passant par Londres et Paris.

Commençons par le commencement. Pendant la plus grande partie de l'histoire de l'humanité, la production par tête n'a quasiment pas bronché. La seule croissance économique enregistrée était liée à l'augmentation de la population. Ce n'est qu'au milieu du XVIIIe siècle qu'elle s'est mise à accélérer dans les économies les plus productives de l'époque – le Royaume-Uni jusqu'aux environ de 1900, les États-Unis ensuite –, pour atteindre un pic au cours des vingt-cinq années qui suivirent la Seconde Guerre mondiale. Et puis la production par tête a de nouveau ralenti, en dépit d'un bref coup d'accélérateur entre 1996 et 2004. En 2012, la production horaire américaine était inférieure d'un tiers à ce qu'elle aurait été si la tendance observée entre 1945 et 1972 s'était maintenue. D'où l'hypothèse qui agite aujourd'hui le débat économique dans le monde entier : la croissance de la productivité pourrait bien continuer à décélérer au cours du siècle prochain jusqu'à atteindre des niveaux quasi négligeables.

Pour nourrir sa réflexion, Gordon a commencé par revisiter l'histoire économique. Parmi les trois révolutions industrielles qui ont stimulé la croissance de l'économie mondiale depuis le milieu du XVIIIe siècle, la deuxième (1870-1910) a eu un impact beaucoup plus décisif que la première (1750-1830) ou que la troisième (Internet). Certes, en ouvrant la voie à la construction de bateaux et de trains plus puissants, la première révolution industrielle avait contribué à diminuer sensiblement le temps et les coûts de transport. Mais, au cours de la période 1870-1910, la débauche d'innovations fut carrément éblouissante. Un véritable feu d'artifice ! L'essor de l'électricité et du moteur à combustion interne a révolutionné travail et vie quotidienne. La lampe à filament a remplacé la bougie. La chimie moderne a inventé toutes sortes de produits qui ont grandement contribué au bien-être de tout un chacun. Avec la diffusion du téléphone, du phonographe, de la radio et du cinéma, les communications et les loisirs sont devenus accessibles au plus grand nombre. Quant à l'accès à l'eau potable et à l'installation du tout-à-l'égout dans les habitations, ils ont révolutionné les conditions de la vie quotidienne, amélioré la santé et fait décoller l'espérance de vie. Dans ses travaux, Robert Gordon évoque l'auteur d'une enquête réalisée en 1886 en Caroline du Nord, qui avait calculé qu'avant toutes ces innovations une femme au foyer devait marcher environ 237 kilomètres par an pour transporter quelque 35 tonnes d'eau !

De tels changements se reproduiront-ils ? Tous ceux que préoccupe l'avenir de la croissance mondiale sont loin d'en être persuadés. Pour eux, les perspectives de croissance au XXIe siècle ne peuvent égaler celles du XXe, car, si les technologies nouvelles ont accouché du smartphone et des tablettes, sans oublier l'imprimante 3D, le *cloud computing* ou le *big data* (que l'on peut définir comme l'ensemble des technologies destinées à stocker et à analyser rapidement la quantité vertigineuse de données qui se crée chaque jour dans le monde, soit 2,5 trillions d'octets, si l'on en croit les experts), ces innovations ne peuvent rivaliser avec celles du siècle dernier. Après avoir surfé pendant deux siècles sur la vague de la croissance, le monde s'installerait donc dans un régime beaucoup plus paresseux. D'autant que de nombreux facteurs contribuent eux aussi à refroidir la machine. Qu'il s'agisse du vieillissement démographique, de l'inefficacité croissante des systèmes d'éducation, de l'impact de la mondialisation sur le pouvoir d'achat, du coût de la lutte contre le réchauffement climatique ou de l'exigence du désendettement public et privé, sans oublier la montée des inégalités, qui prive une majorité de la population des fruits de la croissance et gonfle l'excès d'épargne.

Pour estimer à quel point la croissance économique future risque d'être modeste, Gordon a calculé l'effet produit par tous ces « vents contraires », avant de soustraire le chiffre ainsi obtenu au 1,8 % de croissance annuelle moyenne du PIB par tête observé aux États-Unis entre 1987 et 2007, c'est-à-dire pendant les vingt années qui ont précédé la dernière grande crise. Avec un tout petit +0,2 % de croissance, le résultat final est symbolique, dans tous les sens du terme. Presque une provocation, car ce +0,2 % est comparable à la croissance annuelle moyenne observée en Angleterre entre 1300 et 1700, autrement dit avant le coup de fouet des révolutions industrielles. Le message de la nouvelle Cassandre de l'économie est limpide : il serait irresponsable d'imaginer que la croissance soit là pour toujours. Depuis deux ans, le désormais célèbre *working paper* de Gordon a fait des petits, et on ne compte plus les travaux publiés autour de l'avenir de la croissance. Ni les interventions choc.

LA STAGNATION ÉTERNELLE, PERSPECTIVE AUSSI PEU RÉJOUISSANTE QUE LE REPOS ÉTERNEL

L'une des plus intéressantes est à mettre à l'actif de Larry Summers, en novembre 2013. Comme chaque année à pareille époque, la fine fleur de la recherche économique américaine et internationale est réunie pour la conférence Jacques Polak du FMI, la conférence annuelle de la recherche du Fonds, et planche sur un thème on ne peut plus évocateur (« *Crises : Yesterday and Today* », « Les crises d'hier et d'aujourd'hui »). Au moment même où, un peu partout dans le monde, on se félicite de la reprise de l'économie américaine, l'ancien secrétaire au Trésor fait sensation en prononçant un discours particulièrement sombre. Si sombre qu'il suscite aussitôt une avalanche de commentaires. Deux mots en particulier enflamment les réseaux sociaux. Larry Summers reprend à son compte la théorie de Gordon et suggère que les économies développées pourraient bien être plongées pour longtemps dans une sorte de stagnation séculaire (*secular stagnation*). Le concept évoque la fin des années 1930 et les travaux d'Alvin Hansen, celui qui fut parfois surnommé le « Keynes américain ». Ce professeur à Harvard pensait à l'époque, comme certains de ses contemporains, que la Grande Dépression avait marqué le point de départ d'une baisse irrémédiable du taux de croissance tendanciel de long terme (la thèse serait invalidée par la croissance des Trente Glorieuses, mais personne avant 1939 n'aurait pu imaginer que les nécessités de la reconstruction infléchiraient sensiblement le cours de l'histoire économique).

Si la réflexion théorique de Hansen revisitée suscite autant d'émoi, c'est que la crise de 2008 a troublé les esprits, et surtout que Larry Summers n'est pas n'importe quel expert. Il appartient au saint des saints. Fils de deux économistes – tous deux professeurs à l'université de Pennsylvanie – et neveu de deux lauréats du prix Nobel d'économie, Paul Samuelson, frère de son père Robert Summers (qui avait suivi l'exemple d'un frère aîné ayant changé son nom de famille de Samuelson en Summers) et Kenneth Arrow, frère de sa mère Anita Summers, il est entré à 16 ans au Massachusetts Institute of Technology (MIT) avant d'être nommé, à 28 ans, professeur d'économie à Harvard. Lauréat de la médaille John Bates Clark, considérée comme l'antichambre du Nobel, sa réputation internationale n'est plus à faire, notamment depuis qu'il a été économiste en chef de la Banque mondiale, au début des années 1990. Proche de Bill Clinton, Summers a également occupé le poste de secrétaire au Trésor de 1999 à 2001. Depuis quelques années, il enseigne à nouveau dans la prestigieuse université de la côte est après avoir été candidat malheureux à la succession de Ben Bernanke aux commandes de la Federal Reserve. Par des voies différentes, l'analyse de Summers rejoint celle de Gordon en partant d'un constat trivial mais souvent négligé : la crise financière qui a commencé en 2008 est loin derrière nous, et pourtant nos économies sont toujours aussi déprimées. La reprise est laborieuse dans les pays avancés malgré les politiques monétaires très accommodantes mises en place par les banques centrales. Pour preuve, le PIB cumulé des quatre plus grandes économies développées (États-Unis, zone euro, Japon, Royaume-Uni) n'est pas revenu sur sa tendance d'avant crise. Il s'éloigne même irrésistiblement de sa trajectoire de long terme, ce qui confirme une dégradation de la croissance potentielle.

Summers observe également que l'expansion qui a précédé la crise financière mondiale de 2008 était elle-même atypique au regard des précédentes. En dépit de la formation d'une bulle immobilière gonflée par le crédit et d'une augmentation significative de la dette des ménages qui a soutenu la consommation, il n'y a eu ni surchauffe, ni pression inflationniste significative, ni croissance supérieure à la tendance de long terme. Quant au niveau du marché du travail, il était correct, mais sans plus… Pour Larry Summers, pas de doute : cette succession de bulles sans début de commencement de pressions inflationnistes est le signe que nos économies avancées ont désormais besoin de fabriquer à jet continu ces dangereuses baudruches pour espérer se rapprocher du plein-emploi. Une situation qui, aux yeux de l'économiste américain, ne date pas de 2008 mais du milieu des années 1980. Les bulles (Internet, immobilière) auraient simplement masqué la « stagnation séculaire » en stimulant artificiellement la demande globale. Dès lors, pour le professeur de Harvard, le diagnostic ne fait aucun doute : l'état normal des économies avancées est celui d'une dépression légère parfois rehaussée de brefs épisodes de prospérité associés à la formation de bulles et à l'endettement qui les accompagne. La grande récession de 2008 ne représente pas une rupture, mais plutôt un « retour à la normale », une sorte de stagnation éternelle, perspective aussi peu réjouissante que le repos éternel ! Voilà pourquoi, dit-il à la brillante assistance rassemblée à Jackson Hole, il sera nécessaire, dans les années qui viennent, de mobiliser la matière grise mondiale afin de « réfléchir aux moyens de gérer une économie où le taux d'intérêt nominal à zéro constitue un inhibiteur chronique de l'activité économique, tirant nos économies en arrière, bien au-dessous de leur potentiel ». L'analyse est partagée par Paul Krugman, autre voix qui porte dans le débat opposant les grands économistes de la planète. Dans un éditorial du *New York Times* du 16 novembre 2013, Krugman estime que la « trappe à liquidités » constitue désormais un état normal des économies avancées. Autrement dit, une situation où les politiques monétaires des banques centrales deviennent inefficaces pour relancer une économie guettée par la récession : une fois que le taux d'intérêt a atteint un certain niveau (à la baisse), la préférence pour la liquidité devient virtuellement absolue car presque tout le monde aime mieux garder un avoir liquide plutôt qu'une créance rapportant un taux d'intérêt aussi faible.

Une croissance quasi nulle en zone euro pour les dix ans qui viennent

En Europe aussi, le débat sur la «stagnation de longue durée» mérite toute notre attention, car le continent est affaibli comme jamais par une croissance potentielle anémique (à la fois en raison de la baisse tendancielle de la population en âge de travailler et de celle de la productivité par tête) et menacée elle aussi par l'arrêt cardiaque. Pour la décennie à venir, la croissance potentielle ne devrait pas, selon nos calculs, excéder +0,3 % par an en zone euro, avec une moyenne de +0,5 % pour la France et moins encore pour l'Italie (+0,1 %) comme pour l'Allemagne (+0 %). Loin de ces 2 % annuels qui, il n'y a pas si longtemps, étaient considérés comme le rythme de croisière des grandes économies occidentales. Une baisse qui correspond aussi, soit dit en passant, au rythme de croissance prévu par le programme présidentiel du Parti socialiste en 2012.

Or, revenir à 2 % de croissance potentielle dans nos pays paraît désormais hors de portée. Songez que, pour y parvenir, il faudrait que la zone euro prise dans son ensemble soit le théâtre d'au moins un petit miracle en s'assurant soit d'une croissance sensiblement plus rapide de la productivité globale des facteurs (selon nos calculs, de 1,7 point supplémentaire par an, ce qui revient à la multiplier par 6 par rapport à sa tendance historique, ce qui est considérable), soit d'un doublement de la hausse du ratio capital/population (de 2,5 à 5 % par an, ce qui est énorme), soit d'une augmentation de 2,6 points par an pendant dix ans du taux d'emploi (ce qui est absolument inimaginable). La conclusion s'impose d'elle-même : il est plus réaliste d'estimer à une fourchette de 0 à 1 % maximum la croissance potentielle des quatre plus grands pays de la zone euro que de rêver à un retour sur les sentiers de croissance du passé.

Bien entendu, à Washington, à Paris, à Londres ou à Berlin, la thèse de la stagnation de longue durée est controversée. Certains chercheurs considèrent en effet que, depuis Hansen, elle revient régulièrement sur le tapis dès lors qu'un ralentissement durable s'installe dans le paysage. Pour eux, il n'en est pas moins prématuré de conclure, d'autant que la crise a compliqué le décryptage des données récentes. Ces optimistes irréductibles se refusent, en particulier, à désespérer de la « troisième révolution industrielle », et mettent en avant le délai, toujours long, qui existe entre une découverte et le moment où celle-ci irrigue vraiment l'économie réelle. Certaines innovations de la fin du XIXe siècle n'ont-elles pas dopé la productivité jusque dans les années 1970 ? Pour ces tenants de la croissance par le progrès technologique, rien ne dit que les nouvelles technologies de l'information ne suivront pas le même chemin. D'une manière générale, et « techno-optimistes » ou pas, les élites occidentales aujourd'hui aux affaires, « biberonnées » dans leur jeunesse au lait du progrès et de l'avenir (forcément) radieux, ont – en France comme ailleurs – le plus grand mal à imaginer un monde où la croissance, leur mère nourricière, les laisserait tout à coup orphelins sur le bord de la route. Pour autant, il nous semble que cette réflexion n'a jamais été aussi féconde.

À long terme, la création de richesses dépend en effet étroitement de la croissance de la population active et du progrès technique. Or ces deux moteurs sont bel et bien grippés. La croissance de la population active marque le pas dans tous les pays développés, elle est même déjà en baisse au Japon et en Allemagne sur la période 2000-2013 (respectivement de 0,9 et 0,2 % l'an en moyenne). Aux États-Unis aussi, le bénéfice apporté par l'entrée massive des femmes sur le marché du travail est épuisé, tandis que la génération des baby-boomers arrive à l'âge de la retraite. Les projections du Census Bureau anticipent un taux annuel de croissance de la population active américaine de +0,2 % sur la période 2015-2025. À moins que le taux de participation (qui mesure le ratio des actifs par rapport à l'ensemble des personnes en âge de travailler) non seulement cesse de baisser mais augmente rapidement, l'évolution démographique laisse craindre un peu partout dans les pays « riches » l'installation de l'économie sur un sentier de croissance plus bas et in fine une baisse de la demande d'investissement (tout suggère que la baisse de la population japonaise en âge de travailler a à voir avec la grande stagnation de l'économie nippone). Sauf évolution de l'immigration politiquement délicate à envisager. Quant au progrès technique, il ne cesse de donner des signes de ralentissement, surtout depuis le début du siècle. Voilà pourquoi il est temps de s'intéresser de plus près à ce que les experts appellent pour faire court la PGF. Trois petites lettres énigmatiques pour une tout aussi mystérieuse équation... Mais il est impossible de comprendre ce qui se passe aujourd'hui dans l'économie mondiale sans commencer par revenir sur cette notion injustement oubliée ou méconnue : la productivité globale des facteurs. Pour certains mesure du progrès, pour d'autres, comme l'économiste américain Moses Abramovitz, « mesure de notre ignorance », elle est, selon nous, au cœur de toute réflexion sur ce que nous pouvons espérer en matière de croissance de long terme.

Chapitre 2

Au commencement était « la mesure de notre ignorance »...

Quel bel objet de curiosité que cette productivité globale des facteurs ! La définition mériterait de figurer en bonne place d'un ouvrage d'économie pour les nuls. De quoi s'agit-il exactement ? Il faut revenir un instant à nos cours de terminale : la croissance de la productivité globale des facteurs (PGF) est la partie de la croissance de la production qui n'est expliquée ni par la croissance de l'emploi, ni par celle du stock de capital productif. Elle représente la capacité d'un pays à créer des richesses autrement qu'en accumulant des facteurs de production (capital et travail) mais en les combinant de la manière la plus efficace possible. Elle est le reflet du progrès technique (l'effort d'innovation, l'amélioration de la qualité des produits et des processus de production) et de l'amélioration du capital humain (l'effort d'éducation). À ces facteurs déterminants, il faudrait encore ajouter – pour que la formule soit complète – la structure sectorielle de l'économie, l'organisation de la production dans les usines et dans les bureaux, etc. Finalement, tout ce qui fait qu'avec le même nombre d'euros de capital et le même nombre de salariés une entreprise va quand même produire davantage d'une année sur l'autre.

La productivité globale des facteurs stagne ou recule un peu partout dans le monde

La productivité globale des facteurs est donc, avec la démographie, le carburant de la croissance potentielle. Si elle s'étiole durablement, un pays ne peut espérer créer suffisamment de richesses et d'emplois pour garantir son niveau de vie et le bien-être de ses enfants. Or la PGF stagne ou recule désormais dans de nombreux pays de la planète, sans que l'on y ait pris garde, depuis des années, parfois des décennies. Car il ne s'agit pas d'une vague pathologie pour vieilles économies matures et dépressives. Le phénomène est mondial. Il touche certes en priorité les économies des pays « riches » (à l'exception du Japon et de la Suisse), et en particulier, nous le verrons, ceux du continent européen. Mais les pays émergents ne sont pas pour autant épargnés par le ralentissement des gains de productivité, même si évidemment nous parlons ici en tendance (à la baisse) et non pas en niveau. Ainsi, la Chine, qui affichait encore des gains de productivité du travail de 8 % en 2007, a dû se contenter de 3,7 % en 2014.

Spontanément, nous avons tous du mal à imaginer cette baisse de régime de la productivité, volontiers associée dans les esprits au progrès technologique, alors que nous baignons dans une vie quotidienne saturée de smartphones, tablettes et autres objets divers, tous plus innovants les uns que les autres, et que nous avons au contraire le sentiment que le progrès technique nous emporte comme jamais dans son tourbillon. Mais les chiffres sont là. Et il faut s'immerger un instant sans modération dans les statistiques et les pourcentages pour appréhender, d'abord d'un point de vue macroéconomique, l'ampleur du phénomène.

Une radioscopie attentive des chiffres portant sur les pays du G7 (États-Unis, Royaume-Uni, Japon, Allemagne, France, Espagne, Italie) depuis 1990 révèle un coup de frein quasi généralisé de la productivité globale des facteurs entre la fin du XXe siècle et le début du XXIe (à l'exception du Japon). Aux États-Unis, la croissance annuelle moyenne de la PGF a été divisée par deux entre la période 1990-1999 et celle qui va de 2000 à 2013 (de 1,44 à 0,69). Dans les autres grands pays développés, le décrochage est encore plus brutal : elle a été divisée par trois en Allemagne (de 0,91 à 0,35), par cinq au Royaume-Uni (1,52 à 0,34). Quant à la France, à l'Espagne et plus encore à l'Italie, leur PGF a carrément plongé en l'espace de quinze ans : de 10,32 à 20,10 dans l'Hexagone ; de 10,27 à 20,20 en Espagne ; de 10,73 à 20,64 en Italie. Du jamais vu. Si l'on élargit la focale aux 20 pays de l'OCDE, on observe que, pour 18 d'entre eux, il y a effectivement ralentissement de la croissance de la productivité globale des facteurs entre les années 1990 et la période 2000-2013. C'est la confirmation qu'il ne s'agit pas là d'une simple petite parenthèse, mais d'une pause qui dure déjà depuis quinze ans et qui concerne l'essentiel de l'économie mondiale. Le ralentissement est particulièrement important au Royaume-Uni, en Italie, en Irlande, en Australie et au Danemark. Les deux exceptions sont le Japon et la Suisse. Or la stagnation du progrès technique condamne les économies aux affres de la croissance lente, d'autant plus lente que le vieillissement démographique, on l'a dit, est à l'œuvre un peu partout, réduisant la population en âge de travailler. De plus, l'accumulation de capital risque de ralentir avec la baisse du taux d'épargne liée elle aussi au vieillissement, surtout dans les pays qui sont affligés d'une dette extérieure importante.

Préciser les tenants et les aboutissants de ce ralentissement quasi généralisé du progrès technique, en prendre la mesure, c'est se donner les moyens de comprendre pourquoi l'hypothèse de la « grande stagnation » ne peut être rangée au rayon des élucubrations farfelues de quelques économistes en mal de sensations fortes. Comme toujours, le phénomène a de multiples causes. Mais il nous semble que cinq pistes sont particulièrement fécondes pour tenter de s'affranchir des grilles d'analyse issues de la seconde moitié du XXe siècle (non, la croissance n'est peut-être pas éternelle!), identifier les tendances de fond qui sont à l'œuvre et réfléchir aux moyens de sortir nos économies de l'impasse dans laquelle elles se trouvent.

Première piste : la perte d'efficacité de la recherche et développement. C'est un facteur absolument fondamental. Non pas que l'effort de R&D ait faibli depuis le début des années 1980. Ce serait même plutôt le contraire. Il a augmenté aux États-Unis (2,3 % de PIB en valeur en 1981 et 2,8 % en 2012) comme en zone euro (respectivement 1,6 et 2,1 %), tandis que le Japon battait le record des grands pays industrialisés avec des dépenses de R&D de 3,3 % du PIB en 2012, devant l'Allemagne (2,9 %), les États-Unis (2,8 %) et la France (2,3 %). De la même manière, le nombre de brevets « triadiques » déposés (les brevets déposés dans les trois grandes zones, États-Unis, zone euro et Japon) est plutôt en légère mais constante hausse dans la plupart de ces pays. On pourrait donc s'étonner, en première instance, que cet effort soutenu coïncide avec le freinage du progrès technique. Et pourtant, c'est bien de cela qu'il s'agit. Un phénomène rendu possible par ce que les experts appellent le rendement décroissant de la R&D. Les budgets de R&D ont beau être toujours plus ambitieux, ils ne débouchent plus sur la même quantité d'innovations, de nouveaux produits, de nouveaux processus de production. Cette évolution est parfaitement illustrée par l'histoire récente de la pharmacie ou des semi-conducteurs. Dans le premier cas, il faut aujourd'hui en moyenne deux fois plus d'argent qu'il y a dix ans pour mettre sur le marché une nouvelle molécule. Dans le second, le coût de développement augmente de quelque 40 % avec chaque nouvelle génération de puces.

Deuxième piste : l'augmentation de l'intensité capitalistique. Nous parlons ici du capital qu'il est nécessaire de mettre en œuvre pour réaliser la même production de biens et services. Là encore, le phénomène est général. Le ratio capital net/PIB (en volume) est passé d'un peu plus de 1 au début des années 1960 à un peu plus de 2 aujourd'hui aux États-Unis, et de 1,7 à près de 3 en zone euro. Autrement dit, il faut désormais, aux États-Unis comme en zone euro, deux fois plus de capital qu'il y a cinquante ans pour créer la même quantité de richesses. Cette évolution est d'abord la conséquence d'une complexité croissante des conditions de production. Dans ce domaine, la saga des majors pétrolières est particulièrement éloquente. Chaque année qui passe, elles doivent investir de plus en plus de milliards pour espérer extraire la moindre goutte de pétrole brut des profondeurs de la terre, et surtout de la mer. Une contrainte à la fois «physique» et technique à laquelle il faut probablement ajouter un autre élément, financier celui-là : depuis quelques années, la baisse tendancielle des taux d'intérêt réels à long terme et la baisse des prix relatifs des biens d'équipement incitent les entreprises – quel que soit leur secteur d'activité – à substituer, lorsque c'est possible, du capital au travail, renforçant encore la tendance à l'augmentation de l'intensité capitalistique.

Troisième piste : l'amaigrissement irrésistible des secteurs où les gains de productivité sont sensiblement plus élevés qu'ailleurs (en clair, l'industrie manufacturière). Ainsi, aux États-Unis, la productivité par tête a augmenté de 120 % dans l'industrie entre 1990 et 2014 alors qu'elle n'a progressé que de 55 % dans le reste de l'économie. Les écarts sont comparables au Royaume-Uni (respectivement +120 et +40 %), en zone euro (+80 et +15 %) et au Japon (+65 et +10 %). Or, dans tous ces pays, l'industrie manufacturière est, sauf exception, de petite taille par rapport au reste de l'économie, où les gains de productivité sont faibles. Surtout, elle ne cesse de maigrir irrésistiblement. Dès lors, la déformation – plus ou moins rapide selon les pays – de la structure de l'économie au détriment de l'industrie et en faveur des activités à faible productivité (la plupart des services, la construction) ne peut être une bonne nouvelle pour la croissance future. Nous verrons que, de ce point de vue, l'économie française présente tous les stigmates d'une économie que nous qualifierons d'«antischumpétérienne»; autrement dit, une économie où l'on observe malheureusement une redistribution de l'activité et des emplois des secteurs où la croissance potentielle et le niveau de productivité sont élevés vers ceux où ils sont plus faibles, quand c'est l'évolution strictement inverse qui serait souhaitable!

Quatrième piste : l'insuffisant niveau de qualification de la population active. Le progrès technique était censé faire apparaître un chômage de masse des peu qualifiés (l'emploi peu qualifié étant remplacé par les nouvelles technologies) et une augmentation de l'emploi qualifié (celui-ci étant complémentaire des nouvelles technologies). Toutefois, on observe une situation tout à fait différente. En fait, l'amaigrissement du secteur industriel va souvent de pair avec la dégradation de la qualification des salariés (il y a glissement vers les emplois peu ou pas qualifiés dans les services). Le progrès technique ne détruit pas l'emploi mais réduit la sophistication moyenne des emplois, ce qui met en jeu à la fois le niveau de vie individuel et le potentiel de croissance collectif. L'intuition d'une corrélation forte entre la qualification de la population active et le niveau des gains de productivité est en effet confirmée par le lien étroit qui existe entre le progrès technique et les résultats de la toute nouvelle enquête PIAAC (compétences des adultes) menée par l'OCDE[1]. Cette grosse étude fait des Japonais, Finlandais et Hollandais les champions des compétences des adultes, ce qui coïncide avec un niveau de productivité globale des facteurs plus élevé dans ces trois pays qu'ailleurs dans le monde, tandis qu'au contraire les adultes espagnols, français et italiens pointent dans les profondeurs du classement, des scores qui font écho à la faiblesse du progrès technique dans ces pays. Nous

---

1. En 2011 et 2012, 24 pays ont participé à cette enquête internationale sur les compétences des adultes. Elle permet de mesurer les capacités des adultes à comprendre et utiliser des informations contenues dans des textes ou des informations chiffrées et des concepts mathématiques. Les résultats sont synthétisés à l'aide d'un score global sur une échelle de 0 à 500. «Les perspectives de l'OCDE sur les compétences 2013. Premiers résultats de l'évaluation des compétences des adultes», décembre 2013, www.ocde.org

y reviendrons. On notera aussi que l'insuffisante qualification de la population active ne favorise pas le développement de l'industrie et des services associés aux nouvelles technologies de l'information (à moins que ce ne soit le contraire), dont la part dans l'emploi et la valeur ajoutée demeure modeste, en zone euro (2 % de l'emploi total, 6 % de la valeur ajoutée), mais aussi au Japon (3 % de l'emploi, 8,4 % de la valeur ajoutée), et même aux États-Unis (3 % de l'emploi, 9 % de la valeur ajoutée) et au Royaume-Uni (3 % de l'emploi, 10 % de la valeur ajoutée).

Cinquième piste : Internet est-il (ou pas) une innovation majeure, autrement dit une innovation de rupture susceptible – à l'instar de la charrue, du moulin à eau, de l'eau courante ou du moteur électrique – de déboucher sur une augmentation durable de la productivité et de la croissance ? Voilà sans doute la question la plus difficile à trancher. Elle suscite d'ailleurs d'innombrables débats académiques entre ceux que l'on appelle communément les « techno-pessimistes » et leurs contradicteurs. Des débats alimentés par un nuage de chiffres qui, pour le moment, sont têtus : la diffusion des nouvelles technologies, qui a commencé il y a plus de vingt ans, notamment aux États-Unis, ne s'est pas encore traduite par une accélération significative et durable des gains de productivité du travail et du progrès technique. C'est dire si la prudence reste de mise : les délais entre l'apparition des nouvelles technologies et les gains de productivité associés peuvent en effet être longs, voire très longs, à se manifester, comme ce fut le cas dans le passé pour le moteur électrique. Internet est-il le nouveau moulin à eau et révolutionnera-t-il demain la création de richesses ? C'est une question essentielle, encore ouverte, pour l'avenir de la croissance mondiale.

Pour tenter d'imaginer ce que sera demain l'état de santé économique, le dynamisme et la productivité d'un pays ou d'une région du monde, il est possible de compiler de longues séries de données chiffrées. C'est même indispensable si l'on veut avoir une vision d'ensemble de la situation. Mais il est aussi nécessaire d'explorer les paillasses des grands laboratoires pharmaceutiques, de plonger dans les entrailles du dernier mégaforage pétrolier, d'analyser la nature des nouvelles créations d'emplois et de cette « tertiarisation » qui gagne du terrain, de passer au scanner le niveau de formation de la population active ou de traquer partout l'impact d'Internet sur l'économie, comme Robert Solow pistait hier les ordinateurs dans les statistiques de la productivité. Après la vue d'ensemble macroéconomique sur la productivité globale des facteurs, c'est sur le terrain que nous avons voulu aller vérifier la validité de nos cinq hypothèses sur la panne du progrès technique, afin d'approcher un peu plus de la fameuse « mesure de notre ignorance », et d'essayer de comprendre les raisons de ce mal qui menace l'avenir et la prospérité du monde. Cinq hypothèses auxquelles nous allons consacrer les cinq prochains chapitres, en commençant, à travers l'exemple particulièrement emblématique de la pharmacie, par la question des rendements décroissants de la recherche et développement.

Chapitre 3

Des chercheurs qui trouvent de moins en moins

De grands corps malades. Voilà à quoi avaient fini par ressembler les plus puissants laboratoires pharmaceutiques de la planète. Les Big Pharma, comme disent les experts. Tous confrontés aux effets délétères de la fameuse « falaise des brevets » (*patent cliff*), autrement dit la chute de leurs mirobolants « blockbusters » dans le domaine public. Désormais, la plupart des médicaments qui ont fait leur fortune (un blockbuster est un médicament star qui pèse au moins un milliard de dollars de chiffre d'affaires annuel) peuvent être copiés et revendus à bas prix dans le monde entier par les fabricants de génériques. Un saut dans le vide qui, conjugué à un certain nombre d'erreurs stratégiques et managériales, les a privés du nerf de la guerre : des dizaines de milliards de dollars de recettes. Une saignée pour les grands laboratoires.

Des molécules de plusieurs milliards de dollars

Mais cette falaise qui fait la une des publications spécialisées depuis quelques années déjà n'est pas, loin s'en faut, la seule cause qui « plombe » la productivité des Big Pharma. Le plus inquiétant est en effet la baisse sans précédent de l'efficacité de la R&D. Les *pipes* (les « tuyaux », c'est-à-dire les projets en cours destinés à renouveler la gamme) sont pratiquement vides, ou au mieux remplis de futurs remèdes mis au point à prix d'or. Désormais, le coût de la moindre molécule qui fait son apparition sur le marché se chiffre en milliards de dollars. C'est ainsi que l'industrie pharmaceutique est devenue l'exemple type du secteur dont la productivité est obérée par ce que l'on appelle les « rendements décroissants » de la R&D, une loi économique formulée par Turgot puis approfondie par David Ricardo (et initialement appliquée à l'agriculture) selon laquelle l'augmentation des moyens de production entraîne un rendement supplémentaire plus faible.

Pendant des décennies, l'industrie pharmaceutique a été bénie des dieux. Le secteur a connu une croissance ininterrompue, dopée par le succès de ses blockbusters. Une mine d'or pour les actionnaires comme pour les dirigeants. Au point que les uns et les autres en avaient presque oublié l'une des lois fondamentales du business : à long terme, il ne peut y avoir de croissance sans créativité et innovation. La belle mécanique s'est brutalement enrayée à la fin du siècle dernier. En dépit d'une explosion des budgets R&D, tous les labos, du plus petit au plus grand, ont été confrontés à une diminution sans précédent du nombre de nouveaux médicaments mis sur le marché, tandis que la productivité du secteur entamait une descente en piqué. En fait, on assistait là au résultat d'un processus amorcé depuis longtemps. Un article paru en 2012 dans la très sérieuse revue américaine *Nature Reviews Drug Discovery* démontre, chiffres à l'appui, que depuis un demi-siècle le nombre de médicaments inventés par milliard de dollars de R&D investi a été divisé par deux tous les neuf ans. Les Big Pharma cherchent, mais trouvent de moins en moins.

Et pourtant ce n'est pas faute d'investissements lourds. En dix ans, de 2004 à 2014, les dépenses annuelles de R&D dans le monde ont bondi de 88 à 138 milliards de dollars, soit près de 20 % du chiffre d'affaires du secteur et une progression de 57 %, portant à plus de 1 200 milliards la montagne de dollars investis en R&D sur la décennie, selon le cabinet de conseil spécialisé Evaluate Pharma. Et ce n'est pas fini. Evaluate Pharma pronostique la poursuite de la course en avant des budgets et chiffre à quelque 162 milliards de dollars annuels les dépenses probables de R&D à l'horizon 2020, dont 100 milliards pour les vingt premières entreprises du secteur. Des montants astronomiques qui équivaudront – toujours selon les calculs de ces experts – à plus de 10 milliards de dollars pour Novartis comme pour Roche, 7,9 pour Merck et 7 pour Sanofi ou pour Pfizer.

Pour autant, de moins en moins de nouvelles molécules voient le jour, surtout si l'on parle de celles qui présentent une véritable avancée thérapeutique et ne se contentent pas de répliquer un médicament déjà existant en y ajoutant une modeste amélioration d'usage secondaire (ce que les spécialistes, dans leur jargon, ont baptisé les *metoo*). Sur vingt molécules parvenues au stade du développement expérimental, dix-neuf n'arriveront en effet jamais jusque sur le marché. Un ratio financièrement insoutenable. Quant aux médicaments qui, finalement, se retrouvent un jour sur les rayons d'une pharmacie, ils coûtent évidemment de plus en plus cher. Et même si professionnels et experts ont pris l'habitude de s'empoigner sur le prix moyen d'une nouvelle molécule (lequel dépend en effet des critères retenus, des méthodes de calcul utilisées et de la taille du laboratoire concerné), tout le monde est d'accord sur un point au moins : chez les Big Pharma, cela se compte désormais en milliards de dollars. Une récente étude de PricewaterhouseCoopers sur la pharmacie mondiale à l'horizon 2020 montre que, au regard de ce que le secteur a investi chaque année, le coût moyen par molécule approuvée est passé de 2,8 milliards de dollars sur la période 2002-2006 à 4,2 milliards sur la période 2007-2011. L'évaluation est confirmée par Bernard Munos, ancien du groupe Eli Lilly et fondateur d'un *think tank* spécialisé, dont les travaux corroborent le chiffre moyen de 4 milliards de dollars en se fondant sur un ratio tout simple : le budget R&D divisé par le nombre de médicaments pour lesquels une Big Pharma obtient chaque année l'autorisation de la Food & Drug Administration (FDA) aux États-Unis. Un feu vert qui constitue, en règle générale, la clé de la mise sur le marché d'un médicament dans le monde entier. Munos tient compte des échecs dans ses calculs car, actuellement, non seulement dix-neuf médicaments sur vingt sont des fours dès le stade expérimental, mais moins d'un sur dix ayant atteint le stade des essais cliniques sur les humains sera finalement un succès.

À partir de cette base de données où figurent une centaine de laboratoires, les résultats obtenus avec l'analyse de la série sur dix ans sont encore plus saisissants : pour les quinze premières entreprises du secteur, le coût par nouvelle molécule évolue dans une fourchette d'un peu moins de 5 à 13 milliards de dollars. C'est l'américain Abbott qui décroche la palme de la molécule la plus chère de la planète avec une seule molécule en dix ans pour une facture d'un peu plus de 13 milliards. Viennent ensuite le français Sanofi avec six molécules et un coût moyen unitaire de 10 milliards, le britannique AstraZeneca (4 molécules et 9,6 milliards) et le suisse Hoffmann Laroche (8 molécules et 8,9 milliards). L'addition est moins salée pour les Small Pharma, qui travaillent sur un nombre plus réduit de molécules, mais pour les stars du secteur elle s'élève en moyenne à 6 milliards de dollars. Un chiffre de nature à effrayer plus d'un investisseur, en tout cas à refroidir ses ardeurs pour un secteur longtemps considéré comme un eldorado par les financiers. Mais si le rendement de la R&D des Big Pharma est à la cave, c'est, comme toujours, en raison d'une accumulation de facteurs défavorables, à commencer par des conditions de marché désormais très tendues.

La « falaise des brevets », une saignée d'au moins 150 milliards de dollars

Les industriels sont confrontés depuis quelques années au manque à gagner provoqué par la «falaise des brevets» (*patent cliff*) évoquée plus haut dans un contexte de plus en plus concurrentiel. En 2012, on a abondamment parlé du Plavix de Sanofi : lorsque le brevet est tombé dans le domaine public, le chiffre d'affaires de ce médicament en or massif (plus de 5 milliards d'euros en 2011) s'est effondré de plus de 90 % en quelques semaines. Et depuis les chutes vertigineuses se sont succédé sans répit. Tous les grands de la pharmacie mondiale sont pris dans la tourmente de la *patent cliff*, qui, selon Evaluate Pharma, coûtera au moins 150 milliards de dollars à l'ensemble du secteur sur la période 2012-2018. Soit près de 20 % du chiffre d'affaires du secteur. Et plus encore pour les grands laboratoires tels Pfizer, AstraZeneca ou Merck.

Or il n'est pas si aisé de remplacer un blockbuster par un autre. Le deuxième facteur explicatif des rendements décroissants en pharmacie est en effet de nature scientifique. La R&D a mangé son pain blanc en épuisant les cibles les plus faciles : les portefeuilles autrefois composés d'antihypertenseurs, antidépresseurs et anticholestérols se sont peu à peu vidés. L'industrie doit désormais s'attaquer à des maladies autrement complexes (cancers, maladies inflammatoires...) qui requièrent des compétences très pointues. Dans cette nouvelle configuration, la dispersion constitue un handicap. En s'entêtant longtemps à ratisser large, bien décidées à couvrir toutes les bases, et de préférence en solo, les Big Pharma affichent un fort taux d'échec et, in fine, un coût moyen par molécule mise sur le marché très élevé. En outre, les possibilités des technologies actuelles ont été largement exploitées, et il manque un ensemble de découvertes majeures pour faire repartir la machine. Or les biotechnologies ou les thérapies géniques représentent certes des promesses, mais pas encore des produits.

Un troisième élément, non négligeable, joue également un rôle clé dans l'affaissement du rendement de la R&D du secteur : l'environnement réglementaire, devenu de plus en plus contraignant. Les Big Pharma sont prises en tenaille entre deux contraintes fortes : le coût de la santé (et son corollaire, un contrôle des prix de plus en plus rigoureux qui gagne même les marchés en croissance) et la pression du principe de précaution, sur fond de scandales sanitaires comme celui du Mediator (en France) ou du Vioxx (accusé d'avoir causé 27 000 crises cardiaques aux États-Unis). Depuis 2012, l'Agence européenne du médicament a entrepris de gérer de manière beaucoup plus stricte la question des « effets indésirables », tandis que, de son côté, la FDA américaine mettait en place un système de surveillance active baptisé Sentinel pour superviser la sécurité de tous les médicaments sur le marché américain. En outre, les autorités de régulation échangent des notes et collaborent de plus en plus un peu partout sur la planète : désormais, un médicament ou un produit interdit dans une région risque fort de l'être dans une autre.

Enfin, à tous ces facteurs qui pèsent sur le rendement de la R&D des Big Pharma, il convient d'ajouter le facteur managérial. Lorsque le succès est porté par quelques blockbusters et que l'argent coule à flots, pourquoi serrer les boulons sur les conditions de travail ? Souvent, les laboratoires ont sous-estimé les risques et surestimé la valeur potentielle de leurs portefeuilles en s'appuyant essentiellement sur l'opinion de leurs chercheurs, lesquels vantent assez naturellement les projets sur lesquels ils travaillent. Tous ont succombé à la tentation de s'embarquer dans des programmes de développement aussi nombreux que coûteux sans procéder à une sélection suffisamment rigoureuse en amont.

Les experts de PricewaterhouseCoopers (PwC) ont baptisé cette dérive la « stratégie des pots de confiture ». La plupart des laboratoires pharmaceutiques dépensent un très (trop) faible pourcentage de leur budget en sélection et validation de la cible (la décision de se lancer dans un processus de R&D pour une molécule) et préfèrent ratisser large en multipliant les projets. C'est ainsi que les labos engloutissent des sommes colossales (en moyenne, 40 % de leur budget) en phases II ou III (les deux dernières phases d'essais cliniques portant sur l'efficacité thérapeutique et la tolérance avant une éventuelle autorisation de mise sur le marché), projets dont la plupart sont destinés à échouer, quand – en amont – le processus de sélection-validation n'a mobilisé en moyenne que 7 % du budget. Or, échouer tard, c'est forcément échouer cher, et, dans ce domaine, la mauvaise prise de décision se paie cash. Signe des temps : le taux d'abandon des essais cliniques a explosé au cours des deux dernières décennies. En phase II, il est passé de 43 % en 1990 à 66 % en 2010 ; en phase III, de 20 à 30 %. Essentiellement en raison d'une efficacité insuffisante ou de problèmes de sécurité. Conclusion des experts de PwC : « La pharmacie consacre d'énormes sommes d'argent à l'achat de pots de confiture de tous les parfums pour finalement réaliser que la plupart ne sont pas valables [...], parce que beaucoup de laboratoires ne comprennent pas vraiment la relation entre risque et valeur. Ils sont aussi trop optimistes et, par conséquent, ils essaient d'en faire trop. »

550 MILLIARDS DE DOLLARS DE VALEUR DÉTRUITS EN DIX ANS

Une telle dérive est évidemment insoutenable dans la durée. Un récent calcul de McKinsey montre que la rentabilité de la R&D du « top ten » de l'industrie pharmaceutique est tombée d'une fourchette de 13 à 15 % dans la décennie 1990 à une fourchette de 4 à 9 % lors de la décennie 2000. Dans le même temps, le nombre de programmes de développement comme leur taux de succès étaient divisés par deux, et le coût des programmes doublait. Le secteur aurait ainsi détruit pour 550 milliards de dollars de valeur. Autant dire qu'une révision en profondeur des méthodes de R&D s'impose. La plupart des Big Pharma se sont attelées à la tâche depuis trois ans afin de stopper l'engrenage des rendements décroissants de leur recherche et l'explosion du coût d'une nouvelle molécule. Dans de nombreux cas, leur avenir et même leur pérennité en dépendent.

Il n'y a pas que la R&D des grands labos qui soit engagée sur la pente glissante des rendements décroissants. La réflexion vaut aussi pour les nombreux secteurs industriels dont la croissance dépend étroitement de la puissance et de l'efficacité de la recherche. C'est le cas, par exemple, pour le secteur des semi-conducteurs, confronté à la fois au ralentissement de son chiffre d'affaires – dont le rythme de croissance est au plus bas depuis vingt ans (la croissance annuelle moyenne du chiffre d'affaires du secteur est tombée à 3 % depuis 2006, contre 12 % sur la période 1991-2006) – et à l'explosion des coûts de développement, qui font un saut à chaque nouvelle génération de puces, mais un saut qui n'a rien d'un saut de puce !

Comme le montre une étude récente réalisée par le cabinet de conseil Alix Partners, les coûts de développement du secteur augmentent de 30 % d'une génération à l'autre, et même parfois jusqu'à 60 % pour les firmes *fabless,* autrement dit celles qui ne fabriquent pas les puces elles-mêmes. Des conditions économiques qui pourraient finir par compromettre la validité de la loi de Moore. Il faut se rappeler ici que Gordon Moore, l'un des fondateurs d'Intel Corporation, est le premier à avoir affirmé, en 1965, que le nombre de transistors sur une puce d'ordinateur allait doubler, à prix constants, tous les deux ans. Il affina ses calculs par la suite en portant à dix-huit mois le rythme de doublement, et en déduisit que la puissance des ordinateurs allait croître de manière exponentielle, et ce pour des années. Une avancée technologique qui s'est traduite par une chute continue et spectaculaire des prix des semi-conducteurs : certaines estimations suggèrent que 40 % de la croissance de la productivité mondiale observée au cours des deux dernières décennies s'expliquent par les progrès accomplis dans les technologies de l'information et de la communication rendus possibles par les améliorations apportées aux performances et aux coûts des semi-conducteurs.

La thèse de la limite économique appliquée à la loi de Moore est avancée par un trio d'experts de McKinsey (« Loi de Moore : abrogation ou renouvellement ? », décembre 2013). Ces spécialistes ne remettent pas en cause la validité « technologique » de la loi de Moore, en tout cas pour un certain temps encore. Les progrès technologiques devraient la préserver pendant au moins les cinq, voire les dix ans à venir, car on ne met pas encore précisément de limites à ces avancées. Intel grave en effet désormais des transistors de 22 nanomètres, ce qui revient à dire que l'on pourrait en faire tenir 6 000 sur la largeur d'un cheveu humain, ou qu'il en faudrait 6 millions pour couvrir le point à la fin de cette phrase. En outre, un transistor de 22 nanomètres peut s'allumer et s'éteindre 100 milliards de fois par seconde quand il faudrait deux mille ans pour réaliser la même opération manuellement.

Toutefois, les experts de McKinsey soulignent que, s'il est techniquement possible que la loi de Moore reste valide, en tout cas pour un certain temps, la facture de ces nouvelles avancées commence à devenir prohibitive. Et de citer à l'appui de leur démonstration une autre étude McKinsey qui chiffre à environ 40 % l'accroissement des coûts de fabrication qu'implique le passage des transistors de 32 à 22 nanomètres sur des plaquettes de 300 millimètres, coûts qui s'accompagnent d'une augmentation d'environ 45 % de ceux associés au développement des processeurs et de 50 % des coûts associés à la conception des puces. Finalement, le prix du développement des transistors inférieurs à 20 nanomètres excède le milliard de dollars. En outre, l'investissement nécessaire à leur production atteindrait 10 milliards de dollars, voire davantage. Dans ces conditions, le nombre d'entreprises capables de financer transistors et usines de la prochaine génération risque fort d'être limité.

Cette course en avant des investissements de R&D dans les semi-conducteurs a déjà commencé. En 2013, ils ont atteint 56 milliards de dollars dans le monde, soit 16,7 % du chiffre d'affaires du secteur et une progression de 5 %, selon le cabinet IC Insights. Un niveau historiquement élevé. Toutefois, les leaders du secteur ne peuvent relâcher leur effort s'ils veulent défendre leur niveau de rentabilité présent et à venir. La bataille fait rage en effet pour le contrôle du marché des smartphones et des tablettes. Le budget R&D est le nerf de la guerre dans un secteur où il est crucial de disposer d'une R&D efficace, réactive et en phase avec l'évolution du marché. Avec 10,6 milliards de dollars, Intel, le numéro un du secteur, a investi 22 % de son chiffre d'affaires de 2013 dans son budget R&D. Un budget faramineux, qui représente plus de trois fois celui de son suivant immédiat, Qualcomm (3,4 milliards de dollars), et près de quatre fois celui de Samsung (2,8). STMicroelectronics, le seul européen à figurer dans cette liste, est le cinquième plus gros investisseur en R&D avec 1,8 milliard de dollars et 23 % du chiffre d'affaires.

Les auteurs d'une étude publiée par le cabinet de conseil Alix Partners confirment l'intuition des experts de McKinsey. Ils ont calculé que les coûts de développement ainsi que les coûts de production ont augmenté de quelque 30 % par génération de puces au cours de la dernière décennie, et prédisent que cette hausse infernale va continuer pour les générations futures (16 et 14 nanomètres). De la même manière, ils chiffrent à +40% par génération le renchérissement de la R&D et à 60 % celui du design des puces (« Améliorer l'efficacité de la R&D, dans les semi-conducteurs », janvier 2014). Or, actuellement, le chiffre d'affaires du secteur progresse très modestement. On ne pourra donc repousser indéfiniment les problèmes physiques et la question des coûts associés à la production de transistors d'une taille toujours plus petite. L'industrie des semi-conducteurs est, elle aussi, sur la falaise.

Chapitre 4

Une ruée vers l'or noir de plus en plus ruineuse

Pour les pétroliers, 2013 n'aura pas été une grande année de chasse à l'« éléphant ». Selon une étude réalisée par Anish Kapadia, analyste vedette de la banque d'affaires Tudor, Pickering, Holt & Co, spécialisée dans l'énergie, aucune des découvertes effectuées en 2013 n'a dépassé le milliard de barils d'équivalent pétrole, et les grandes compagnies pétrolières de la planète rencontrent toujours plus de difficultés à débusquer ces gisements géants qui les font tant rêver. La trouvaille la plus importante de 2013 est à mettre au crédit de l'italien ENI, au large du Mozambique, avec deux gisements de 700 millions de barils. Pour le reste, les déconvenues ont été nombreuses. 20 milliards de barils d'hydrocarbures seulement auront été identifiés en 2013, dont l'essentiel est situé dans les grandes profondeurs marines (au moins 1 500 mètres), c'est-à-dire dans des conditions d'exploration-production de plus en plus délicates. De plus en plus coûteuses aussi. Et 2014 a confirmé la tendance, dans un contexte où, de surcroît, l'abondance de la production de pétrole de schiste aux Etats-Unis associée au ralentissement économique européen et surtout chinois a précipité la chute du prix du baril (−25 % entre juin et novembre 2014).

La productivité des dépenses en exploration-production s'est effondrée

En 2013, les investissements réalisés par les pétroliers en exploration-production ont tutoyé les 700 milliards de dollars, en hausse de 65 % depuis 2009. Ils ont grimpé jusqu'à 750 milliards en 2014. La course sans fin des majors en quête de nouvelles ressources est emblématique d'une tendance qui touche tous les grands pays consommateurs : l'augmentation de l'« intensité capitalistique » (le ratio du capital net ou du capital net productif sur le PIB en volume). En clair, l'investissement en capital nécessaire à l'extraction d'un baril de pétrole brut est de plus en plus élevé car la complexité de projets toujours plus pharaoniques provoque retards et dérapages des coûts.

Exemple typique de cette ruée vers l'or noir version XXIe siècle, le champ pétrolifère géant de

Kachagan, situé au Kazakhstan, dans le nord de la mer Caspienne. Le plus gros gisement découvert au cours des quarante dernières années (cet « éléphant » porte dans ses flancs environ 35 milliards de barils, dont 9 à 13 seulement sont considérés comme récupérables à l'aide des techniques actuelles) est situé dans une région de la Caspienne gelée la moitié de l'année, où le brut est enfoui à plus de 5 000 mètres de profondeur avec une pression record. Du coup, les conditions d'exploitation (et les coûts associés) sont tout simplement dantesques. Kachagan avait enfin commencé à produire le 11 septembre 2013, avec huit années de retard et un coût estimé de 50 milliards de dollars (contre les 10 initialement prévus), quand l'opérateur a dû fermer les vannes treize jours plus tard. Des fissures sur les pipelines, dues à la forte concentration d'hydrogène sulfuré, avaient provoqué des fuites de gaz. Certains experts parlent d'un à deux ans avant que le brut ne jaillisse à nouveau de Kachagan, et évoquent à terme une facture de 150 milliards de dollars d'investissement. Voilà pourquoi les débats sans fin sur la date probable du fameux « pic pétrolier » (le moment où la production mondiale de pétrole cessera d'augmenter), annoncé pour la première fois en 1956 par le géophysicien américain Marion King Hubbert, sont désormais agrémentés d'une question subsidiaire : combien faudra-t-il investir demain pour extraire une seule petite goutte d'or noir ? Autrement dit, jusqu'où ce que les experts appellent l'« intensité capitalistique » de l'industrie pétrolière va-t-elle grimper ? De quoi alimenter là encore notre réflexion sur le ralentissement structurel de la croissance.

Les bons puits, ceux qui fournissent du pétrole classique, laissent en effet la place à des catégories de pétrole toujours plus difficiles à atteindre (offshore profond, huiles lourdes, hydrocarbures de schistes...) et dont le potentiel est souvent plus délicat à apprécier, ce qui explique à la fois la pause actuelle de la production des majors et le flottement dans les prévisions d'extraction à long terme. En revanche, une chose est sûre : les dépenses d'investissement en exploration-production, ce que l'on appelle le Capex chez les « Big Oil », n'ont connu aucun répit. En tout cas jusqu'en 2013. Elles ont triplé au cours de la dernière décennie. Quant à la productivité de ces investissements, elle a été pratiquement divisée par cinq depuis 2000 si l'on en croit les experts de Douglas-Westwood, cabinet de conseil spécialiste de l'énergie, qui scrutent les investissements et la production des grandes majors cotées. Ils ont chiffré à 262 milliards de dollars le montant des investissements 2012 des onze principales compagnies pétrolières, contre 50 milliards en 2000 pour une production quasi identique. Résultat : depuis 2000, le Capex par baril a augmenté en moyenne de 11 % l'an.

La baisse de la productivité des plus grandes compagnies internationales est avant tout la conséquence de l'épuisement naturel de plusieurs zones pétrolifères majeures (la mer du Nord par exemple) qui ont longtemps fourni et fournissent encore l'essentiel de leur production. Pour la première fois, l'Agence internationale de l'énergie (AIE) aborde la question de manière approfondie dans son rapport annuel 2013, consacrant un chapitre entier au déclin de la production « classique ». À partir de 1 600 champs ayant dépassé le pic de production, l'agence estime leur rythme moyen de déclin à 6 % l'an. Cela signifie que si l'industrie pétrolière cessait aujourd'hui d'investir dans la recherche et la mise en production de nouvelles ressources, la production serait pratiquement divisée par deux d'ici à 2035, avec moins de 40 millions de barils/jour. L'AIE estime donc que l'industrie pétrolière devra développer environ 34 millions de barils/jour de capacités supplémentaires d'ici à 2035 simplement pour maintenir la production au niveau atteint en 2012. Soit l'équivalent de trois Arabie saoudite. Et cela dans des conditions autrement complexes que par le passé. Les gisements les plus faciles à exploiter sont déjà connus, elles doivent donc en améliorer le rendement avec de nouvelles technologies de forage, notamment en eaux profondes, et surtout en dénicher de nouveaux au moyen de technologies toujours plus coûteuses, toujours plus sophistiquées.

Des pétroles non conventionnels au coût marginal prohibitif

Il faut en effet s'en remettre à l'extraction des pétroles non conventionnels ainsi qu'à celle des liquides de gaz naturel (LGN) pour combler le fossé qui se creuse entre la demande mondiale et la production de brut conventionnel. Or les pétroles non conventionnels comme les LGN sont plus difficiles et plus coûteux à produire. Lorsque le coût marginal de production d'un baril de pétrole conventionnel s'élève à 23 dollars, il atteint 52 dollars pour l'offshore profond, 70 pour le pétrole de schiste, 86 pour le brut très lourd et 115 pour les sables et schistes bitumineux, selon l'AIE. L'exploitation de ces nouveaux pétroles a également davantage de conséquences sur l'environnement. Leur extraction, gourmande en énergie et en chaleur, émet beaucoup de gaz carbonique. Un gisement classique consomme en moyenne 3 % de l'énergie qu'il produit, mais cette consommation atteint 7 % pour un gisement de pétrole extralourd comme celui de l'Orénoque, au Venezuela, et plus de 20 % pour les schistes bitumineux canadiens. Des nuisances qui ont une incidence directe ou indirecte sur les comptes des pétroliers comme sur la croissance. Enfin, il faut souligner l'envolée des coûts des services pétroliers (installation des puits, fabrication, entretien et réparation du matériel utilisé dans l'extraction et le transport du pétrole ou du gaz) auxquels les majors ont de plus en plus recours pour réaliser des opérations de recherche et de production toujours plus complexes.

C'est dire si les pétroliers sont loin d'en avoir fini avec la question de l'« intensité capitalistique »! Barclays Capital a calculé que le Capex par baril a déjà progressé en moyenne de près de 1 % par an sur la période 1985-1999, et de près de 11 % par an sur la période 1999-2013, alors que les prix du brent (mélange de pétroles de la mer du Nord qui sert de brut de référence au niveau mondial) sont restés stables (toujours en moyenne). Les majors sont engagées dans une course contre la montre, prises en tenaille entre le déclin de la production classique et la hausse des coûts d'exploration-production. Sans parler des exigences toujours plus grandes de certains des pays où sont enfouies les réserves, à travers ce que l'on appelle le *local content* (la part locale) inclus dans chaque contrat d'exploration-production et visant à garantir au pays hôte développement économique, créations d'emplois et transferts de technologies. Les dépenses d'exploration-production ont atteint 42,5 milliards de dollars en 2013 chez Exxon Mobil, 44 milliards chez Shell, 41,9 milliards chez Chevron, 28 milliards chez Total... Trop, aux yeux des investisseurs qui commencent à regarder les comptes des pétroliers à la loupe et à exiger une discipline accrue. Lors du Davos de l'énergie, qui s'est tenu à Houston en mars 2014, Jonathan Cox, un spécialiste des fusions-acquisitions chez Morgan Stanley, a expliqué que les investisseurs « ne comprennent plus le niveau d'intensité capitalistique de l'industrie pétrolière et gazière. Ils veulent que les majors fassent plus avec moins dans un environnement où les coûts s'envolent », avant d'évoquer la baisse de la rentabilité de leurs investissements (pas plus de 10 à 15 % depuis cinq ans, contre 25 à 30 % avant 2008). Un analyste de Douglas-Westwood Associates, l'un des grands cabinets de conseil du secteur, a aussitôt renchéri en soulignant que « la plupart des grands producteurs ont désormais besoin d'un baril de brent à 120 ou 130 dollars pour maintenir leurs niveaux actuels de dividendes en même temps que leurs programmes d'investissements ». Autre manière de dire que les majors doivent tailler dans leurs budgets d'investissement afin de ne pas désespérer leurs actionnaires, ce que d'ailleurs la plupart d'entre elles ont déjà commencé à faire. En 2014, elles ont fait savoir qu'elles allaient s'imposer une nouvelle discipline financière et réduire leurs investissements productifs, au moins jusqu'en 2017. Après un pic en 2013 (28 milliards de dollars), Total ramènera ses investissements à 26 milliards de dollars; Shell passera de 44 à 35 milliards; Exxon, de 42,5 à 38. BP devrait les stabiliser à moins de 25 milliards. Chevron, redescendre rapidement sous les 40 milliards de dollars. Bref, 2014 restera peut-être dans l'histoire pétrolière comme l'année du reflux des Capex. Et le mouvement devrait encore accélérer avec la baisse des prix du pétrole, qui décourage les investissements.

Pour autant, la porte est étroite. Depuis la généralisation des moulins à eau et à vent jusqu'à la découverte des applications industrielles du charbon, puis du gaz et du pétrole, et plus récemment encore de l'atome, l'énergie a toujours été un puissant moteur de croissance. C'est dire la sensibilité de l'économie mondiale à la variation de l'offre de pétrole. Sur le long terme, la relation est même remarquablement stable entre l'une et l'autre. Il suffit, pour s'en convaincre, d'observer l'évolution parallèle depuis cinquante ans des courbes du PIB mondial, de la consommation d'énergie et de celle du pétrole. Voilà pourquoi tous les débats d'experts autour de la question des conditions d'extraction de la manne pétrolière et de ses conséquences sur la productivité sont aussi cruciaux pour l'avenir de la croissance mondiale. Selon l'Agence internationale de l'énergie, la demande de pétrole devrait continuer à croître et passer de 87 à 101 millions de barils/jour d'ici à 2035. Répondre à cette demande pour alimenter le foyer de la croissance en carburant promet de constituer un défi sans précédent. La question de l'augmentation de l'intensité capitalistique dans l'industrie pétrolière mondiale constitue un enjeu central pour l'avenir des majors, mais plus encore peut-être pour la croissance de l'économie. En outre, si le secteur pétrolier est un bon cas d'école, cette question du niveau de capital nécessaire pour produire un certain nombre de biens lance un défi à tous les secteurs dits « capitalistiques », autrement dit gourmands en capital (l'essentiel de l'industrie).

L'AUGMENTATION DE L'INTENSITÉ CAPITALISTIQUE
VA DE PAIR AVEC LE RALENTISSEMENT
DE LA CROISSANCE

Dans la plupart des pays de l'OCDE, on constate une augmentation de l'intensité capitalistique, telle celle observée dans l'exemple de l'industrie pétrolière, due probablement à la complexité croissante des processus de production. La tendance est présente en particulier dans la zone euro et au Japon.

Dans ces pays ou régions, le ratio capital net productif sur le PIB (en volume) a été multiplié par deux en trente ans, avec une accélération depuis le début du siècle. Pour ceux qui aiment la précision, on notera qu'il est passé de 0,5 à près de 1 en zone euro, de 0,65 à 1 au Japon. Autrement dit, il faut en moyenne deux fois plus de capital pour produire la même quantité de biens. La tendance est un peu moins nette au Royaume-Uni, avec une augmentation plus modeste (de 0,85 à 1,05). Quant aux États-Unis, si l'évolution est également sensible sur longue période (de 0,34 en 1985 à 0,62 en 2013), ils sont aujourd'hui dans une situation plus favorable, avec une stabilisation de l'intensité capitalistique et une nette reprise de l'investissement. Mais, sur longue période, l'évolution de la courbe de l'augmentation de l'intensité capitalistique est bien parallèle à celle du ralentissement de la croissance. Un phénomène qui s'explique pour au moins trois raisons.

En pourcentage du capital net, le rendement du capital physique en valeur (profits après taxes, avant intérêts et dividendes) est faible au Japon (5 %), il a baissé en zone euro avec la crise (9,5 %) et se maintient tout juste au Royaume-Uni (14,5 %) comme aux États-Unis (15,5 %). Pour le stabiliser face à une augmentation des besoins en capital, les entreprises doivent déformer le partage des revenus en faveur des investisseurs si elles veulent continuer à les attirer. C'est la première raison. Et le raisonnement correspond effectivement à ce que l'on a pu observer au cours des dernières années. C'est vrai dans tous les grands pays industrialisés, où le salaire réel par tête a progressé sensiblement moins vite que la productivité par tête (sauf au Royaume-Uni, où l'un et l'autre ont augmenté de manière relativement concomitante). C'est vrai en particulier aux États-Unis, où le salaire réel par tête n'a augmenté que d'un petit 30 % en trente ans quand la productivité faisait un saut de plus de 50. C'est vrai aussi en zone euro, où les évolutions furent respectivement de 15 et 40 %. C'est encore plus vrai au Japon, où l'écart atteint plus de 30 %. Cette déformation du partage des revenus en faveur des profits va de pair avec la faible croissance, voire le recul des salaires réels. C'est bien ce que l'on observe un peu partout, surtout au Royaume-Uni et en zone euro (à l'exception de la France, où les salaires réels n'ont cessé de progresser davantage que la productivité par tête). Mieux vaut être actionnaire que salarié ! Une tendance qui pèse sur la demande et affaiblit la croissance.

 La deuxième raison qui explique le lien inversé entre intensité capitalistique et croissance tient à la vitalité de l'investissement. Depuis 2008, les entreprises, qui veulent se désendetter et éviter le plus possible de se mettre en risque, restreignent leurs projets d'investissement (comme on l'a vu dans l'exemple de l'industrie pétrolière). Aux États-Unis, au Royaume-Uni comme dans la zone euro (à l'exception de la France), les entreprises affichent une profitabilité et une capacité d'autofinancement élevées, elles accumulent les réserves de cash (au Royaume-Uni, le montant des actifs liquides et monétaires détenus par les entreprises non financières atteint 30 % du PIB en valeur), mais n'augmentent que très peu leurs investissements (au Japon, le taux d'autofinancement atteint 170 %).

Or, dans des économies où l'intensité capitalistique est élevée, une limitation de l'investissement des entreprises induit une perte de production plus forte que dans une économie où l'intensité capitalistique est faible. S'il faut beaucoup (et même de plus en plus) de capital pour produire, et si l'investissement est faible, la perte de production sera importante.

Enfin, troisième et dernier élément à prendre en compte : pour stabiliser le rendement des fonds propres lorsqu'il y a hausse de l'intensité capitalistique, les entreprises sont incitées à accroître leur levier d'endettement. Cela a bien été le cas, avant la crise, aux États-Unis, au Royaume-Uni et en zone euro ; au Japon aussi, avant la crise de 1990. Et lorsque le levier d'endettement devient trop élevé, les entreprises se désendettent, d'où le recul de l'investissement et de la croissance. Autant d'éléments qui montrent que cette augmentation du capital nécessaire pour produire la même quantité de biens dans la plupart des secteurs industriels constitue un frein non négligeable à l'amélioration et même à la préservation du niveau des gains de productivité.

Chapitre 5

Schumpeter, reviens, ils sont devenus fous!

Agents d'entretien, serveurs de cafés et de restaurants, animateurs socioculturels, aides-soignants, cuisiniers, aides à domicile, aides ménagères, employés de libre-service, ouvriers agricoles et cueilleurs en tout genre… Cette drôle d'histoire commence comme un inventaire à la Prévert et s'achève en compagnie de Joseph Schumpeter, l'économiste autrichien connu dans le monde entier pour sa théorie de la « destruction créatrice ». Quel est donc le lien entre les métiers les plus recherchés en France en 2014, selon l'enquête Besoins en main-d'œuvre de Pôle emploi, et les travaux de l'illustre auteur de *Capitalisme, socialisme et démocratie*? Après la question du rendement décroissant de la R&D et de l'augmentation des besoins en capital dans l'industrie, c'est ce que nous allons essayer d'éclaircir ici pour poursuivre notre réflexion sur l'avenir de la croissance mondiale.

Vers une « tertiarisation » accélérée de l'économie mondiale

Dans la plupart des pays développés et même – plus récemment – dans de nombreux pays émergents (à l'exception notable de la Chine), on observe une diminution du poids de l'industrie dans l'économie et une augmentation de celui des services. Autrement dit, une sorte de « tertiarisation » de l'économie mondiale. Cette demande croissante en faveur des services est stimulée par un certain nombre de raisons structurelles, qu'il s'agisse de l'amélioration du niveau de vie dans les pays émergents (elle correspond toujours à un boom des services, comme ce fut le cas hier dans les pays de l'OCDE), du vieillissement démographique à l'œuvre dans la plupart des pays « riches », Japon en tête (en 1995, les plus de 60 ans représentaient 9 % de la population mondiale, ils sont près de 11,5 % aujourd'hui), ou de l'existence de goulots d'étranglement qui limitent la capacité de production industrielle dans les pays émergents et contribuent eux aussi à déformer la demande au profit des services.

Une telle déformation de la demande n'est pas sans effet sur l'offre : comme le prix relatif des services augmente par rapport à celui des biens industriels, leur production devient plus intéressante en termes de profits et attire tout naturellement les investissements. Dès lors, un processus de déformation de l'offre se met en place à son tour, avec un impact non négligeable sur le poids relatif des secteurs dans l'économie. Comme les gains de productivité sont plus élevés dans l'industrie que dans les services (dans l'OCDE, ils ont augmenté de plus de 60 % depuis la fin du siècle dernier dans le secteur manufacturier, de moins de 20 % seulement dans le reste de l'économie), le petit morceau de l'économie qui réalise des gains de productivité substantiels rétrécit, et la croissance potentielle de l'économie mondiale s'étiole lentement mais sûrement, tant par le jeu de l'offre (moindres gains de productivité) que par celui de la demande (moindres revenus salariaux réels).

Voilà pour la toile de fond générale.

Le phénomène de « tertiarisation » est présent, on l'a dit, dans de nombreux pays, mais il est particulièrement marqué en France, où la désindustrialisation a été plus violente qu'ailleurs. Pour s'en convaincre, il suffit de prendre le temps de regarder secteur par secteur l'évolution de l'emploi sur vingt ans. Entre 1995 et 2014, tous les secteurs industriels sans exception – y compris l'agroalimentaire et la pharmacie, deux des fleurons de l'industrie tricolore – ont perdu des emplois. Parfois massivement.

La saignée est particulièrement violente pour les secteurs « textiles-habillement-cuir et chaussures » (-67 %), « bois-papier-imprimerie » (-39 %), « machines et équipements » (-36 %), « équipements électriques » (-31 %), « chimie » (-30 %) et « métallurgie » (-25 %). Sur la même période, les emplois de services ont progressé partout, parfois dans des proportions très importantes. C'est le cas en particulier pour des activités de services sophistiqués comme les « activités informatiques et SI » (+118 %) ou les prestations de services aux entreprises (juridiques, comptables et financiers), avec +66 %, mais aussi pour de nombreux emplois peu qualifiés : « activités des ménages en tant qu'employeurs » (+60 %), « hébergement et restauration » (+52 %), « activités de services administratifs » (+63 %), « hébergement médico-social et action sociale » (+42 %). Une évolution structurelle peu créatrice de valeur ajoutée, « antischumpétérienne » en quelque sorte.

Amorcée bien avant la fin du siècle précédent, la « tertiarisation » de l'économie française s'est accélérée depuis quinze ans. L'industrie (hors construction) est tombée de 18 % de la valeur ajoutée totale en 2000 à un peu plus de 10 % en 2014, situant désormais la France loin de l'Allemagne (20,7 %), de la Suède (14 %) et même de l'Italie (14 %). En une grosse décennie, l'Hexagone s'est ainsi laissé glisser jusqu'à un niveau à peine supérieur à celui du Royaume-Uni, un pays où l'industrie manufacturière représente 8,7 % de la valeur ajoutée.

Si la « tertiarisation » de l'économie française est encore plus spectaculaire que celle des autres économies développées (à l'exception peut-être de l'économie italienne), c'est que l'industrie tricolore ajoute un facteur aggravant à la tendance mondiale : la faiblesse de son niveau de gamme, qui laisse les industriels désarmés face à la concurrence des pays à bas coûts salariaux ; désarmés et incapables de répercuter la hausse de leurs coûts de production dans leurs prix. Avec les effets que l'on imagine sur les marges et les profits. Dans l'industrie manufacturière, le taux de marge bénéficiaire dépasse à peine les 20 % quand il atteint, voire dépasse, 35 % dans la construction et dans les services. Dans ces conditions, il est donc tout à fait logique que les facteurs de production accélèrent leur migration du secondaire vers le tertiaire. Car le cercle vicieux s'autoentretient : la faiblesse des profits des entreprises industrielles les empêche d'investir comme il faudrait dans la R&D, dans les nouvelles technologies et, d'une manière plus générale, dans les équipements sophistiqués qui contribueraient à favoriser la montée en gamme dont elles ont tant besoin pour faire face à la concurrence internationale. L'économie française est un cas typique de « maladie hollandaise », une pathologie pernicieuse qui fabrique de la désindustrialisation et qui pérennise une économie submergée par le tout-venant, ouverte à tous les vents de la concurrence internationale.

Le concept est apparu dans les années 1960 lorsque les revenus des Pays-Bas ont explosé grâce à la découverte de gaz naturel en mer du Nord, un phénomène qui a provoqué le déclin de l'industrie locale, dont la rentabilité relative s'est effondrée. Par extension, on parle de « maladie hollandaise » pour toutes les situations où la rentabilité du capital de l'industrie est anormalement faible par rapport à celle des autres secteurs d'activité, ce qui, logiquement, favorise la migration du capital de l'industrie vers ces autres secteurs. En France, la rentabilité du capital dans l'industrie a été fortement pénalisée par la baisse des marges, due à un trop faible niveau de gamme. L'emploi a suivi. La saignée industrielle excède 2 millions de postes en trente ans (de 5,1 à 3,1 millions de salariés), comme le montre le rapport Gallois de novembre 2012 (« Pacte pour la compétitivité de l'industrie française »), un bain de sang dont la compilation des enquêtes Besoins en main-d'œuvre (BMO) sur les intentions d'embauche réalisées par Pôle emploi et le Centre de recherche pour l'étude et l'observation des conditions de vie (Crédoc) donne une idée assez précise (voir notamment le récapitulatif sur dix ans publié par le *Cahier de recherche du Crédoc* en décembre 2011).

En 2002, l'industrie représentait encore 15 % de l'ensemble des intentions d'embauche. Un recrutement sur six. Le ratio est tombé à un sur dix en 2011 et continue à glisser. La dégradation est substantielle. Dans le même temps, les services n'ont cessé de monter en puissance. Premier recruteur national avec près de 800 000 embauches chaque année sur la période 2002-2011, le secteur affichait un peu plus d'une intention d'embauche sur deux en 2002 (57 %), puis deux sur trois (69 %) au début de la décennie en cours. Avec en tête les services aux particuliers (468 000 en moyenne par an sur la période, soit 59 % de l'ensemble des services), devant les emplois de la vente, du tourisme et des services aux entreprises. Des emplois qui correspondent à des profils parfois très qualifiés mais surtout à de nombreux métiers peu ou pas qualifiés, notamment dans l'hôtellerie, la restauration, les services à la personne, le tourisme, la grande distribution, l'entretien, le gardiennage... Et le mouvement s'accélère.

L'AIDE À DOMICILE CHAMPIONNE
DES CRÉATIONS D'EMPLOIS

En 2014, le secteur des services a, à lui tout seul, concentré deux projets de recrutement sur trois, avec en tête l'hôtellerie-restauration (13 % des intentions d'embauche et 226 000 postes), talonnée par les services aux entreprises (environ 220 000 postes), la santé-action sociale (186 000 postes) et les services aux particuliers (169 000). La plupart des métiers recherchés sont à faible niveau de qualification et portent sur les services aux particuliers – apprentis de cuisine, serveurs, animateurs socioculturels, aides à domicile, aides-soignants… –, confirmant ainsi le poids des activités touristiques et des services à la personne dans le tissu économique tricolore. Un nombre important de postes peu qualifiés sont également proposés dans le secteur des services aux entreprises (agents d'entretien), le commerce (vendeurs, employés de libre-service) et – dans une moindre mesure – l'industrie (ouvriers non qualifiés et manutentionnaires). Des chiffres compilés chaque année par l'enquête Pôle emploi-Crédoc sur les besoins en main-d'œuvre (BMO). La tendance est corroborée par une étude du ministère du Travail à l'horizon 2022 : les métiers d'aide à domicile sont ceux qui créeront le plus de postes dans les années à venir (près de 160 000 d'ici à 2022). Bref, on assiste à un glissement massif des emplois qualifiés vers les emplois peu ou pas qualifiés, symptôme s'il en est de l'évolution de la structure des économies développées. C'est là que Joseph Schumpeter entre en scène.

Il y a en effet deux manières de faire de la croissance. La première consiste à dégager des gains de productivité dans tous les secteurs de l'économie. C'est ce que l'on observe, même si le rythme fléchit, aux États-Unis par exemple. La seconde consiste à orchestrer le passage de l'emploi des secteurs où productivité et croissance sont faibles vers ceux où l'une et l'autre sont plus élevées. C'est ce que nous appellerons une croissance «schumpétérienne», autrement dit une croissance où la dynamique de l'économie repose sur la vitalité de l'innovation et du progrès technique. Une composante essentielle pour la croissance de long terme.

Or, on l'a dit, les gisements de productivité sont bien plus élevés dans l'industrie manufacturière que dans les autres segments de l'économie. Aux États-Unis, la productivité par tête dans le secteur manufacturier a augmenté de 120 % entre 1990 et 2014, contre + 55 % dans le reste de l'économie. Les écarts sont comparables au Royaume-Uni (respectivement +120 et +40 %), en zone euro (+80 et +15 %) et au Japon (+65 et +10 %). Voilà un des éléments fondamentaux de la baisse de la productivité globale des facteurs, donc de la croissance mondiale : lorsque la part des services progresse irrésistiblement et que celle de l'industrie manufacturière et des services à valeur ajoutée (aux entreprises, financiers), autrement dit les secteurs où la productivité est élevée, devient insuffisante pour tirer les gains de productivité de l'ensemble de l'économie, la croissance potentielle en prend un coup. La productivité de l'industrie ne régresse pas, mais le secteur devient simplement trop petit pour tirer les gains de productivité de l'ensemble de l'économie. On parle de croissance « anti-schumpétérienne » pour caractériser ce processus qui aujourd'hui compromet le niveau et le rythme de la croissance future de certaines économies. Ce mouvement est en effet à l'œuvre dans la plupart des économies développées, en particulier en France et en Italie, où il prend une ampleur inquiétante, avec une déqualification accélérée de l'activité et des emplois. Un processus qu'il s'agit de stopper d'urgence.

Ne désespérons pas pour autant de Joseph Schumpeter

Toutefois, l'économiste autrichien n'a pas complètement déserté le continent européen. Il a fait escale de l'autre côté du Rhin, où l'expérience allemande se révèle passionnante à approfondir, surtout si l'on veut terminer sur une note optimiste ! Mais il faut passer par une petite leçon de choses macro-économique afin de mieux comprendre les mécanismes complexes associés à l'évolution de la productivité, de la croissance potentielle et du PIB potentiel, et d'éviter les comparaisons hâtives.

Certains pays, tels l'Allemagne mais aussi les États-Unis ou le Royaume-Uni, ont réussi à maintenir dans l'emploi les salariés peu qualifiés – en particulier les jeunes – qui, dans d'autres pays telles la France ou l'Italie ont du mal à s'insérer ou à se réinsérer. En 2013, le taux de chômage des 25-34 ans dont le niveau de formation était inférieur au deuxième cycle du secondaire atteignait 23,2 % en France, contre 16,8 % aux États-Unis et 18,8 % en Allemagne, selon l'OCDE. Surtout, il s'élevait encore à 12,4 % pour ceux qui, dans cette tranche d'âge, avaient atteint le niveau Bac ou équivalent, un chiffre à comparer à 12,2 % pour les États-Unis mais surtout aux 5,4 % recensés en Allemagne, une différence fondamentale due essentiellement à l'efficacité des formules d'apprentissage.

Si un pays réussit à ramener ses chômeurs peu qualifiés vers l'emploi, il va en effet réduire le niveau et les gains de productivité de l'ensemble de l'économie, puisque ces hommes et ces femmes travaillent dans des secteurs (BTP, distribution, services aux particuliers, loisirs-hôtels-restaurants) où le niveau et le taux de croissance de la productivité sont faibles. Ces pays où les salariés peu ou pas qualifiés ont un emploi ont donc normalement une croissance potentielle plus faible que ceux où ils sont au chômage, tandis que la qualification moyenne de la population active diminue. Cela suffit à justifier aux yeux de certains esprits cyniques une critique des politiques de retour à l'emploi des peu qualifiés (baisse du coût du travail, formation…), critique pourtant totalement injustifiée, car la baisse de la croissance potentielle qui résulte de la hausse du taux d'emploi des peu qualifiés correspond en réalité à une hausse du niveau de PIB potentiel, puisque le taux d'emploi augmente, ce qui évidemment ne peut être que favorable. En effet, il est important de distinguer l'une (la croissance potentielle) et l'autre (le niveau de PIB potentiel). Revenons à l'expérience d'un pays comme l'Allemagne, qui réussit à ramener à l'emploi les moins qualifiés. Dans ce pays, productivité et croissance potentielle auront tendance à baisser, mais l'emploi augmentera, de même que le niveau de PIB, même s'il progresse plus lentement. En première instance, nous pourrions nous contenter d'observer qu'il y a ralentissement de la productivité des deux côtés du Rhin, mais ce serait faire l'impasse sur un point fondamental : qualitativement, et dans une perspective de long terme, ce ralentissement ne doit pas du tout être interprété de la même manière.

En Allemagne, l'industrie et les services associés pèsent près de 22 % de la valeur ajoutée (contre 10 à 12 % dans les autres grands pays occidentaux), et leur poids a même légèrement augmenté dans la période récente (de 32 % de l'emploi total en 1998 à 33,5 %). Les salariés y sont particulièrement bien rémunérés (en moyenne, 50 000 euros annuels, contre 35 000 dans le secteur non manufacturier, soit 40 % de plus), et l'objectif de la politique économique allemande est de préserver l'une et les autres. Pour y parvenir, Berlin a mis en place dans les années 2000 une série de mesures – les fameuses réformes Hartz – destinées à déréglementer le marché du travail (absence de salaire minimal, facilitation des emplois peu rémunérés, du temps partiel, retour contraint des chômeurs sur le marché du travail…). À partir du milieu de la décennie, on a observé en Allemagne un redressement de l'emploi dans les secteurs des services, la diminution du chômage – notamment de longue durée – et la remontée du taux d'emploi. La baisse des salaires, et donc des prix, dans les services est favorable à l'industrie, tandis que la déréglementation fait apparaître un nombre élevé de travailleurs pauvres dans les services. À partir de 2006, la productivité n'augmente plus, mais le niveau de PIB monte.

Or c'est bien ce qui compte dès lors qu'il s'agit de rééquilibrer les finances publiques, de financer les retraites... En définitive, l'Allemagne cumule deux avantages. Elle a réussi à ramener les moins qualifiés sur le marché du travail sans dégrader pour autant la structure des emplois. La France, elle, cumule deux inconvénients. Elle a dégradé la qualité de la structure des emplois sans pour autant être parvenue à remettre les moins qualifiés au travail.

De cette comparaison légèrement fastidieuse, on déduira une constatation majeure : le ralentissement de la productivité ne s'interprète pas du tout de la même manière de chaque côté du Rhin. Une productivité qui augmente moins vite est en général le prix à payer pour un taux de chômage structurel plus faible : en ramenant des chômeurs dans des emplois peu qualifiés, on dégrade la productivité globale, mais le niveau de la création de richesses est plus élevé. Si l'on regarde l'évolution de la productivité, on observe la même tendance (une baisse); mais dans un cas, celui de l'Allemagne, elle est vertueuse, et dans le cas de la France elle ne l'est pas (« antischumpétérienne »). D'un côté du Rhin, on transforme les chômeurs en salariés peu qualifiés ; de l'autre, on transforme des salariés qualifiés en salariés peu qualifiés. Donc, méfions-nous des fausses concordances ! Si la France avait le même taux d'emploi des non qualifiés que les autres économies comparables, le niveau de productivité y serait plus bas qu'ailleurs. Le niveau de productivité élevé dont on se vante souvent reflète donc en réalité l'exclusion des peu qualifiés du marché du travail, la préférence française pour le chômage. De la même manière, c'est le fait que les non qualifiés espagnols pointent en masse au chômage qui explique que la productivité ibérique ait battu des records au cours des dernières années. Dans certains pays, notamment d'Europe du Sud, il est grand temps de renouer avec Schumpeter !

Chapitre 6

Pas de croissance sans compétences

En osant parler d'illettrisme à propos de certains ouvriers des abattoirs de Gad, dans le Finistère, le ministre de l'Économie, Emmanuel Macron, s'est attiré les foudres des tenants du politiquement correct. Honte et scandale! Pourtant, le scandale n'est pas d'appeler un chat un chat (chez Gad, l'illettrisme avait d'ailleurs été reconnu en 2010, et une formation mise en place, sans trop de succès). Le scandale est évidemment qu'en France le système scolaire ai fabriqué 7 % d'illettrés âgés de 18 à 65 ans, soit 2,5 millions de personnes en métropole. Et continue à en fabriquer. Le scandale, c'est aussi que chez Gad comme chez Pleyel, Mory Ducros, Lidl ou Virgin, des millions d'autres n'aient jamais été formés dans la perspective d'un éventuel changement de métier. En 1995, un rapport consacré à « La France de 2015 » estimait qu'il faudrait consacrer au moins 10 % de son temps de travail à apprendre et à se former, proportion qui devrait grimper jusqu'à 20 % au moins à l'horizon 2030 si l'on en croit les spécialistes. Or, selon l'Insee, un salarié ne passe pas plus de trente minutes par mois en moyenne à se former pour le travail, soit une petite minute par jour ! Même si une part de la formation est informelle (notamment dans les PME), il est clair que le temps consacré aux apprentissages est insuffisant. La question de la qualité et du niveau de la formation de la population active est cruciale en France comme dans tous les pays « riches », au moment où les géants comme le Brésil, l'Inde ou la Chine développent rapidement des systèmes éducatifs de qualité, notamment en ligne.

Une question de survie individuelle et collective

La multiplication des plans sociaux au cours des dernières années a montré que de très nombreux salariés ne sont pas en situation de rebondir car ils n'ont bénéficié d'aucune évolution de leur qualification pendant trop longtemps, y compris dans certains grands groupes. Quant aux entreprises, une étude de PricewaterhouseCoopers (PwC), réalisée au printemps 2014 pour le réseau social LinkedIn, met en lumière l'étroite corrélation qui existe entre la capacité d'adaptation des compétences professionnelles et leur performance. Les experts de PwC sont même allés jusqu'à se livrer à un petit calcul : selon eux, l'inadéquation et la faible capacité d'adaptation des compétences que l'on observe aujourd'hui, qu'il s'agisse de la difficulté des salariés à se former à de nouveaux savoir-faire ou à bouger d'un secteur d'activité à l'autre, coûte chaque année 150 milliards de dollars à l'économie mondiale (130 milliards en productivité, 20 milliards en coûts de recrutement supplémentaires). Et comme tous bons experts qui se respectent, ils ont élaboré un indice, l'indice d'« adaptabilité des compétences », qui permet d'esquisser un classement parmi les onze pays étudiés.

Au registre des bons élèves, les Pays-Bas caracolent en tête grâce « à l'orientation très internationale de leurs entreprises », devant le Royaume-Uni et le Canada, avec des indices d'adaptabilité respectifs de 85, 67 et 61 selon la méthodologie utilisée[1]. Avec

---

1. L'étude, qui croise les données issues de 2 600 entreprises analysées par la base de données RH de PwC et les informations des profils du réseau LinkedIn dans onze pays, s'appuie sur cinq critères : le nombre moyen de fois où un actif change de secteur d'activité, le nombre moyen de postes différents occupés par un actif au cours de sa carrière, le nombre moyen de promotions internes, le nombre moyen d'employeurs pour un actif et le nombre moyen de postes à pourvoir rapporté à la population du marché.

un score de 41, la France pointe en septième position, un classement médiocre par rapport aux autres pays développés analysés, dû, selon l'étude, à une mobilité interne et externe insuffisante. L'Hexagone arrive derrière les États-Unis et juste devant l'Allemagne, qui, malgré la qualité de ses performances économiques, est elle aussi pénalisée par l'enquête PwC pour la faible capacité d'adaptation supposée des salariés allemands en cas de changement structurel.

À notre époque, croissance rime plus que jamais avec compétences. Les ressources humaines bien formées et mobiles dans tous les sens du terme contribuent non seulement à augmenter la productivité du travail mais aussi à stimuler l'innovation, qui apparaît comme la source majeure de croissance et de compétitivité d'un pays, en particulier lorsqu'il est arrivé à un certain niveau de développement. Dans ces économies dites «à la frontière technologique», une forte proportion d'adultes insuffisamment éduqués ne peut que freiner, voire compromettre, la mise en œuvre et la diffusion des nouvelles technologies et/ou des nouvelles pratiques organisationnelles susceptibles d'augmenter la productivité et le progrès technique. Ces économies ont besoin de salariés capables de contribuer au processus d'innovation, aux compétences suffisamment larges pour se former tout au long de la vie, et à même de cultiver leurs aptitudes aux traitements de l'information, à l'auto-organisation et à l'apprentissage. Autant de dispositions dont l'OCDE cherche à prendre la mesure et à comparer d'un pays à l'autre, avec la mise au point d'un nouvel outil dont la vocation est précisément d'éclairer le niveau de compétences en traitement de l'information (lecture, chiffres, résolution de problèmes à base technologique) et dont les premiers résultats ont été publiés en décembre 2013.

Vingt-quatre pays de l'OCDE ont participé à ce Programme pour l'évaluation internationale des compétences des adultes (PIAAC) à partir d'un échantillon de 166 000 personnes âgées de 16 à 65 ans. À l'aide d'exercices réalisés pour l'essentiel sur ordinateur et portant sur des situations quotidiennes, il cherche à mesurer leurs capacités à comprendre et à utiliser l'information écrite (littératie en langage OCDE) et chiffrée (numératie), ainsi qu'à résoudre des problèmes dans un environnement à forte composante technologique. Le score est d'autant plus élevé que la personne a réussi une proportion importante d'exercices nécessitant des processus de traitement d'information de plus en plus complexes. Toutes ces compétences passées au crible par le PIAAC ont une valeur inestimable dans les économies du XXIe siècle, car elles influencent sensiblement les chances de réussite individuelle dans la vie professionnelle comme dans la vie de tous les jours.

EN 2020, 90 % DES EMPLOIS EXIGERONT DES COMPÉTENCES NUMÉRIQUES

Le diagnostic de cette première enquête PIAAC est préoccupant. À une exception près (le Japon), tous les pays participants comptent au moins un adulte sur dix diagnostiqué à un stade inférieur ou égal au niveau 1 en lecture et en calcul sur l'échelle de compétence, qui en compte six (niveau inférieur à 1 et niveaux de 1 à 5). Cela signifie qu'au mieux ces adultes ne maîtrisent que les compétences élémentaires et sont tout juste capables de lire des textes courts, de comprendre un vocabulaire de base ou de réaliser une opération de calcul très simple. La proportion grimpe jusqu'à plus de 1 sur 4 en Italie (27,7 %) et en Espagne (27,5 %), 1 sur 5 en France (21,5 %) pour la lecture. C'est énorme. Et pour les chiffres, c'est encore pis. Près d'un Italien ou d'un Espagnol sur trois éprouve les pires difficultés à comprendre une information chiffrée relativement simple de la vie quotidienne, affichant un niveau inférieur ou égal à 1 (respectivement 31,7 % et 30,6 %) dans ce domaine. La situation est à peine moins catastrophique en France (28 %) et aux États-Unis (28,7 %).

Quant à l'expérience dans le domaine des nouvelles technologies de l'information, elle est tout aussi discriminante. Dans les pays de l'échantillon, si les Norvégiens et les Suédois ne sont que 1,6 % à déclarer n'avoir aucune expérience des ordinateurs ou être dépourvus de toute compétence informatique, même la plus élémentaire, comme savoir manier une souris, ils sont jusqu'à 20 % en Pologne, 22 % en Slovaquie, 24 % en Italie. Même parmi les adultes qui revendiquent un certain niveau en informatique, une large proportion obtient un score médiocre en matière de résolution de problèmes dans un environnement à forte composante technologique, et, dans ce domaine, ceux qui se situent au plus haut niveau de compétence (le niveau 3 pour ce critère dans l'enquête OCDE) ne représentent pas, dans le meilleur des cas, plus de 8,8 % des adultes en Suède. Ils sont 8,4 % en Finlande, 8,3 % au Japon. C'est-à-dire moins d'un adulte sur dix! Même les Américains ne sont pas plus de 5 % à pouvoir se vanter d'un haut niveau dans ce domaine. Or, il est admis que, d'ici à 2020 – autant dire demain –, 90 % des emplois nécessiteront des compétences numériques. Dans un rapport paru en 2013, l'Organisation internationale du travail (OIT) constatait combien les personnes licenciées dans différents secteurs, de l'automobile au BTP en passant par la finance et l'immobilier, peinaient à se reclasser, tout en observant que trop peu de jeunes diplômés, en particulier des femmes, avaient opté pour un cursus riche en sciences et en technologie.

Les conclusions qui s'imposent naturellement à la lecture des travaux de l'OCDE ne sont guère réjouissantes. On sait en effet le lien entre niveau de compétences, bien-être individuel et prospérité collective.

Ainsi, les personnes les moins bien armées pour exploiter une information écrite ont deux fois plus de risques de se retrouver au chômage. Selon l'enquête PIAAC, à peine plus de la moitié des adultes dont le niveau est inférieur ou égal à 1 en littératie ont un emploi, contre quatre sur cinq parmi ceux qui se situent aux niveaux 4 ou 5. En Espagne, par exemple, le taux de chômage grimpe au-delà de 30 % pour les actifs dont le niveau d'éducation est inférieur au second cycle de l'enseignement secondaire. Et dans tous les pays l'écart a tendance à se creuser entre les extrêmes. En Allemagne, le taux de chômage des moins diplômés atteint 13 %, contre 2,4 % seulement pour les diplômés de l'enseignement supérieur (chiffres 2012).

Il en va de même pour le niveau de vie. Le salaire horaire médian des salariés capables de procéder à ce que les experts appellent des « inférences complexes » (des mises en relation de propositions pour aboutir à une démonstration en forme de conclusion) et d'évaluer les affirmations ou les arguments subtils présents dans un texte est supérieur de plus de 60 % à celui de ceux qui, au mieux, sont capables de lire des textes relativement courts pour y trouver une information. Les retombées des compétences vont bien au-delà de la rémunération et de l'emploi. Les sociologues font aussi volontiers le lien entre le niveau d'éducation au sens large et la capacité des individus à prendre soin de leur santé, à s'impliquer dans des activités bénévoles ou associatives et à avoir le sentiment de peser sur la vie démocratique de leur pays. De nombreuses études montrent également que les hommes et les femmes en mal de compétences rencontrent davantage de difficultés à faire confiance à autrui. Or, on le sait, la confiance est le ciment des sociétés modernes et le fondement de nombreux comportements économiques. Sans confiance envers les gouvernements et les institutions, il est difficile de mobiliser l'opinion publique en faveur de politiques ambitieuses et novatrices, notamment lorsque celles-ci impliquent des sacrifices à court terme et que leurs retombées à long terme sont loin d'être évidentes. Une confiance limitée peut également être source d'un moindre respect des lois et finir par fragiliser la démocratie.

L'enquête PIAAC met très bien en lumière le lien entre les compétences de la population active, le progrès technique et la prospérité économique. Les pays les mieux notés – Japon, Finlande, Pays-Bas, Suède, Allemagne… – font aussi partie de ceux que l'on peut considérer comme des pays prospères : revenu élevé, chômage faible, absence de déficit extérieur dangereux, croissance potentielle assez forte… La situation économique et sociale est devenue autrement délicate pour ceux qui pointent dans les profondeurs du classement – notamment Italie, France, Irlande et Espagne, mais aussi, dans une moindre mesure, États-Unis et Royaume-Uni –, avec le développement d'une population d'adultes toujours plus importante incapable de maîtriser les compétences élémentaires.

Un mot de la situation française dans ce paysage. Avec un score moyen de 254 points, la France fait partie des pays « décrocheurs », juste devant l'Italie (247) mais bien loin derrière le Japon (288), la Finlande (282), les Pays-Bas (280) ou la Suède (279). Avec une personne de 16 à 65 ans sur cinq (22 %) douée d'un faible niveau de compétences dans le domaine de l'écrit, l'Hexagone affiche des résultats inférieurs à ceux de la moyenne de l'OCDE (15,5 %). Seules l'Italie (27,7 %) et l'Espagne (27,5 %) sont encore plus mal loties. Dans le domaine des chiffres, 28 % des adultes français ont un faible niveau de compétences (contre 19 % pour la moyenne de l'OCDE). Seuls l'Italie, l'Espagne et les États-Unis font moins bien. Une situation qui concerne toutes les générations de salariés, y compris les plus jeunes.

Un jeune Français sur dix ne maîtrise pas les savoirs de base

Petit indice parmi d'autres, les résultats des tests réalisés en 2013 à l'occasion de la journée Défense et citoyenneté (l'ex-Journée d'appel de préparation à la défense, JAPD), qui mesurent chaque année le niveau des jeunes de 17 ans et plus en lecture et en « numératie », ou, pour être plus précis, l'utilisation des mathématiques dans la vie quotidienne. En 2013, 9,7 % des participants aux tests « rencontrent des difficultés pour conduire un calcul dans une situation simple ». De même, en lecture, 9,6 % des jeunes rencontrent des difficultés (une partie d'entre eux peuvent être considérés comme illettrés) et 8,6 % en ont une maîtrise fragile. Bref, un jeune Français sur dix se retrouve encore aujourd'hui confronté à des difficultés par rapport aux savoirs de base, difficultés susceptibles de l'empêcher de s'insérer dans la vie active dans des conditions normales. Et on peut dire qu'un jeune de 17 ans ou plus sur cinq n'est pas un lecteur efficace. Des chiffres qui viennent confirmer ce que toutes les études, nationales et internationales, à commencer par l'enquête PISA (Programme international pour le suivi des acquis des élèves) de l'OCDE, mettent sans cesse en avant : la persistance d'un « noyau dur » de l'échec que notre système scolaire ne parvient pas à résorber.

L'édition 2012 de cette enquête met l'accent sur les connaissances et les compétences des élèves de 15 ans. En mathématiques, les experts de l'OCDE situent la France à la 25e place sur 65 participants (18e sur les 34 pays membres). Tout juste dans la moyenne, avec un score de 495 points, mais loin derrière les pays qui lui ressemblent en termes de niveau de vie et de richesse économique. En outre, la tendance est peu flatteuse puisqu'à chaque enquête (triennale) notre pays descend une nouvelle marche, tandis que les écarts se creusent entre les « bons » élèves et les « mauvais ». Il y a dix ans, la proportion d'élèves considérés comme en difficultés en mathématiques était de 16,6 % ; elle atteint désormais 22,4 %, autrement dit bientôt un élève sur quatre, autant de jeunes que l'OCDE classe dans la famille de ceux qui n'ont pas les compétences suffisantes pour poursuivre des études et participer « de manière efficace et constructive » à la vie collective et au développement économique. Ce sont eux que notre système ne parvient pas à faire progresser.

En compréhension de l'écrit et en sciences – les deux autres champs d'investigation de PISA –, les élèves français ne sont guère plus brillants. Ils se situent dans la moyenne (pour les sciences) ou tout juste au-dessus (pour la lecture). Quant au dernier volet en date de l'étude PISA, consacré « aux connaissances et aux compétences financières dont les jeunes ont besoin pour passer de l'école aux études supérieures, à la vie active ou à la création d'entreprise », la France ne se classe là encore – avec 486 points – qu'au 11e rang des 18 pays passés au crible, et très loin des élèves de Shanghai (603 points). A contrario, l'Allemagne, ébranlée par le choc PISA dès le début des années 2000 (le pays se trouvait alors classé derrière le Mexique avec un adolescent sur quatre qui ne lisait pas couramment), a parcouru le chemin inverse. Moins bien classée que la France il y a dix ans, l'Allemagne la surclasse aujourd'hui largement dans tous les compartiments de l'étude.

Contrairement à ce que nos élites dirigeantes répètent volontiers, l'Hexagone ne dispose pas d'une main-d'œuvre particulièrement compétente. La productivité horaire élevée, souvent mise en avant dans le débat public, exprime surtout la préférence française pour le chômage. Si on élimine du marché du travail la plupart des salariés les moins performants, il est clair que le niveau de productivité pourra bientôt tendre vers l'infini! Plus sérieusement, le classement PIAAC donne une idée relativement précise de la situation relative de la France dans l'échantillon OCDE.

· En termes quantitatifs, la France se situe dans la moyenne. La part des diplômés de l'enseignement supérieur (30 %) y est légèrement au-dessous de la moyenne (32 %), mais les jeunes générations sont largement au-dessus (43 % contre 32 % en moyenne), ce qui est plutôt bon signe pour l'avenir. En termes qualitatifs, toutefois, l'interprétation des résultats de l'enquête PIAAC est nettement moins flatteuse. La France est distancée sur les deux fronts des compétences fondamentales que sont lire et compter. Une situation préoccupante, même si les États-Unis et le Royaume-Uni ne font guère mieux, et l'Espagne et l'Italie, encore pis. Or, dans un monde où les emplois requièrent toujours plus de capacités d'analyse et d'échanges d'informations, où la technologie est omniprésente, les pays dont la population est peu (mal) formée risquent de perdre en compétitivité, et les individus qui rencontrent des difficultés à lire et à compter sont évidemment de plus en plus menacés. Il existe d'ailleurs une corrélation très forte entre le revenu par habitant d'un pays et la proportion d'adultes très compétents en lecture et en calcul. L'enquête PIAAC montre que le Danemark, la Finlande, la Norvège, les Pays-Bas et la Suède sont à la fois les pays qui ont le mieux réussi jusqu'à présent à multiplier les opportunités de formation pour les adultes, y compris pour ceux qui en ont le plus besoin, et dont les perspectives de croissance de long terme s'annoncent les plus prometteuses. L'importance de la question du niveau de formation des actifs nous amène à proposer une lecture inédite de l'engrenage qui semble condamner l'économie française au régime minceur de la croissance faible.

Le problème structurel majeur bien connu de la France est le recul et le très faible niveau des marges bénéficiaires de l'industrie, et, d'une manière générale, des profits des entreprises. On l'attribue le plus souvent au poids élevé des cotisations sociales des entreprises et au faible niveau de gamme de la production industrielle tricolore. Et si ce problème trouvait son origine dans l'insuffisant niveau de compétences, de la population active ?

Nous proposons de réfléchir à la causalité suivante : dès lors que les compétences de la population active sont anormalement faibles, les entreprises, à commencer par les entreprises industrielles, ne s'autorisent pas à investir dans du matériel sophistiqué. Depuis les Trente Glorieuses, rares sont les usines neuves qui sont sorties de terre dans l'Hexagone.

Quant aux équipements, ils accusent eux aussi un certain retard. Selon la Banque européenne d'investissement, le bras armé financier de l'Union européenne, la France est, avec l'Irlande, le pays d'Europe qui, depuis longtemps, consacre le moins d'argent à son outil industriel. Vieillissement des installations, perte de compétitivité… La France accumule du capital, mais c'est un capital souvent rustique, peu technologique.

Dans les PME françaises, trop d'outils ont l'âge du plan Marshall !

Et que dire des investissements de pointe dans les nouvelles technologies ? Rien qu'en 2013, les firmes allemandes ont acheté quelque 16 500 robots pour équiper leurs chaînes de production, quand les françaises en acquéraient péniblement 2 900. Le parc français se résume en tout et pour tout à quelque 33 000 robots industriels, contre 58 000 en Italie et 166 000 en Allemagne, selon l'International Federation of Robotics. Ce qui donne un écart de 1 à 5 entre les deux rives du Rhin ! Et il continue de se creuser. Les commandes de machines-outils et autres équipements de production ont encore chuté de 25 % en 2013, selon le Syndicat des entreprises de technologies de production (Symop). Au même moment, les commandes des industriels japonais étaient à leur plus haut niveau depuis cinq ans. Faute d'investir, les entreprises françaises font de plus en plus durer leurs machines. Le nombre d'entreprises ne déclassant aucun équipement dans l'année était de 18 % en moyenne sur la période 1991-1996. Il a grimpé à 30 % entre 2006 et 2011, selon l'Insee. Trop d'outils des petites entreprises françaises affichent quarante ans au compteur! Une défaillance qui se traduit par une perte de productivité et de capacité à innover loin d'être négligeable.

Il ne faut pas chercher plus loin l'explication d'une apparente contradiction : l'association d'une augmentation de l'« intensité capitalistique » et d'une baisse des gains de productivité. A priori, on s'attend en effet à ce qu'une hausse de la première soutienne les seconds, puisque chaque salarié dispose de davantage de capital pour produire. Or, dans certains pays, il n'en est rien car le capital est trop peu sophistiqué, donc trop peu efficace. La productivité du capital diminue (le rapport capital/PIB augmente) et l'accumulation de capital ne soutient pas la productivité du travail. C'est le cas notamment dans les pays d'Europe du Sud, France, Italie et Espagne. Ainsi, la production industrielle française stagne en milieu de gamme, avec une forte sensibilité au facteur prix. Les entreprises sont en permanence amenées à baisser leurs tarifs de vente pour résister à la concurrence internationale, notamment à celle de pays dont les coûts salariaux sont plus faibles dans un même niveau de gamme (Espagne, Italie, pays émergents). On a vu que cela explique le recul des marges bénéficiaires et aggrave évidemment le problème du niveau de gamme, puisqu'elles n'ont plus les moyens d'investir dans des équipements sophistiqués, d'autant que le capital migre vers des cieux plus cléments (les services). La France, tout comme l'Italie et même, dans une moindre mesure, tous les grands pays développés, est en train de perdre la bataille des compétences dans un monde où la révolution technologique a fait du capital humain la source majeure de croissance et de compétitivité.

Chapitre 7

Comment faire mentir le « paradoxe de Gordon » ?

Tout le monde connaît le « paradoxe de Solow », du nom du célébrissime Américain, prix Nobel d'économie, qui en 1987 se désolait de constater que l'« on trouve de l'informatique partout, sauf dans les statistiques de la productivité ». Robert Gordon, notre professeur à l'université Northwestern, et – on l'a vu – chef de file des techno-pessimistes, a pris le relais à propos d'Internet et formulé à son tour une sorte de « paradoxe de Gordon ». Ainsi, dans ses nombreuses interventions publiques, il adore proposer une petite expérience à l'assistance qui vient l'écouter un peu partout à travers les États-Unis : « Imaginez que vous devez choisir entre l'option A et l'option B. Option A : vous gardez tout ce que l'on a inventé jusqu'à dix ans en arrière. Donc vous avez Google, Amazon, Wikipedia, mais aussi l'eau courante et les toilettes à l'intérieur. Option B : vous conservez tout ce que l'on a inventé jusqu'à hier, c'est-à-dire y compris Facebook, Twitter et votre iPhone, mais vous devez renoncer à d'autres choses, par exemple à avoir l'eau courante ou les toilettes à la maison. » C'est alors qu'il se délecte de constater qu'il déclenche immanquablement les rires dans l'assistance tant la réponse semble évidente... L'alternative proposée par le professeur américain vaut ce qu'elle vaut, mais elle a au moins le mérite de poser clairement les données du problème qui nous occupe ici : le progrès associé aux nouvelles technologies de l'information et de la communication (NTIC) est-il de nature à ouvrir une nouvelle période de croissance soutenue de l'économie mondiale ? On comprend qu'en posant aussi crûment la question le spécialiste de la productivité mondiale a sa petite idée sur la réponse.

Les NTIC sont-elles porteuses d'une grande révolution industrielle ?

Pour Gordon comme pour le clan des techno-pessimistes, la tendance sur laquelle évolue la productivité des économies avancées a commencé à ralentir depuis plusieurs décennies déjà, avec ou sans Internet. Et il en veut pour preuve le ralentissement de la productivité aux États-Unis et dans les grands pays développés, ralentissement qui a commencé à se manifester dès 1972.

Certes, avec la diffusion des nouvelles technologies, la productivité a connu un regain au cours de la dernière décennie du XXe siècle, mais nos techno-pessimistes considèrent que le potentiel de croissance attaché à la révolution numérique a été concentré sur quelques années, une grosse décennie tout au plus, et sont convaincus qu'il est désormais derrière nous. Nous avons déjà évoqué leurs arguments : par sa richesse, sa diversité et sa puissance, la deuxième révolution industrielle a fait bien plus que booster la productivité, elle a transformé l'existence des Américains, des Européens puis des Japonais. Des décennies de pur éblouissement ! En comparaison, cette révolution de l'information – et les huit petites années dont ils la créditent – leur paraît bien pâle, même si elle s'accompagne d'une intense effervescence dans les médias et sur les réseaux sociaux. Pour eux, le regain de croissance de la productivité enregistré au cours de la décennie 1990 a déjà fait long feu, et les progrès attendus dans le domaine médical, les robots, l'impression 3D, l'intelligence artificielle et le *big data* ne peuvent espérer avoir le même impact sur la productivité et sur le niveau de vie que ceux générés par les inventions de nos illustres prédécesseurs. Où sont donc les Alexander

Graham Bell, les Thomas Edison, les frères Wright d'aujourd'hui ? À leurs yeux, ce que nous connaissons de nos jours n'est jamais qu'une série intense mais étroite d'innovations dans un certain domaine de la technologie.

Robert Gordon n'est pas le seul à penser que, contrairement aux apparences, il n'y a pas eu de progrès technique majeur depuis des décennies. Dans son dernier opus, consacré au défi technologique américain, le biologiste d'origine hollandaise Jan Vijg ne cache pas lui non plus son désappointement de constater que, malgré ses rêves d'adolescent fan de romans de science-fiction, la voiture dont il se sert actuellement n'est pas très différente de celle avec laquelle il a appris à conduire dans les années 1960, que l'avion qu'il prend régulièrement pour traverser la planète ne va guère plus vite que le Boeing 707 de sa jeunesse, et que même en médecine, son domaine d'expertise, le rythme du progrès technologique a considérablement ralenti. Pourtant, si l'on demandait à nos concitoyens de caractériser le XXIe siècle commençant, il y a fort à parier qu'une majorité d'entre eux estimerait que nous vivons à l'âge du progrès technologique par excellence. Or, souligne ce chercheur féru d'histoire, nos parents, nos grands-parents et nos arrière-grands-parents n'ont pas traversé une seule décennie sans être les témoins d'une innovation majeure. Nous aimerions bien pouvoir en dire autant, estime Jan Vijg, mais rien de tel depuis une bonne cinquantaine d'années. En guise d'explication à cette évolution, le chercheur hollandais avance une interprétation qui n'a rien de scientifique cette fois : installés dans un doux confort, prospères et rassasiés, nous serions tout simplement devenus allergiques au risque, plus préoccupés de ce que le progrès pourrait éventuellement nous faire perdre que de ce qu'il pourrait potentiellement nous apporter. Né au début des années 1990 autour des problèmes d'environnement avec la déclaration de Rio, le principe de précaution n'a cessé d'étendre son champ (alimentation, santé publique, risques économiques...) et est devenu emblématique d'une tendance qui bride la créativité au profit de la sécurité. En France, il a même été inscrit dans la Constitution en 2005.

Tout le monde, aux États-Unis et ailleurs, ne partage pas ce diagnostic. Au contraire, pourrait-on dire. La « technophilie » ambiante et l'idée selon laquelle tous ces petits bijoux qui ont envahi nos vies vont bouleverser nos existences, et avec elles l'évolution de l'économie et de la société, se confondent souvent avec la conviction que le monde est à l'aube d'une nouvelle révolution industrielle de première grandeur. Avec, à la clé, une prochaine et éblouissante période de croissance. C'est en tout cas ce que veulent croire les oiseaux de bon augure qui rivalisent de projections plus mirifiques les unes que les autres. Ainsi, une étude du cabinet McKinsey estimait récemment qu'une douzaine d'innovations majeures (Internet mobile, Internet des objets, *cloud computing*, robotique de pointe, véhicules autonomes, génomique de la nouvelle génération, stockage d'énergie, impression 3D, matériaux avancés, énergies renouvelables, automatisation des métiers du savoir, hydrocarbures non conventionnels) devrait « créer ou déplacer entre 14 000 et 34 000 milliards de dollars [11 000 à 26 000 milliards d'euros] de valeur par an à l'échelle mondiale dès 2025 », soit l'équivalent de la moitié du PIB mondial. Une partie serait captée par les consommateurs, et l'essentiel serait converti en surcroît de chiffre d'affaires pour les entreprises. Des experts qui comparent volontiers l'apparition d'Internet à l'invention de l'imprimerie et n'ont de cesse de s'enthousiasmer pour une révolution si prometteuse. Alors, qui a raison, qui a tort ?

« Nous rêvions de voitures volantes, nous avons eu les 140 caractères ! »

Commençons par le commencement. C'est-à-dire par ce que l'on voit. Jusqu'à preuve du contraire, le « paradoxe de Gordon » vaut bien celui de Solow : les smartphones, tablettes et autres merveilles numériques sont en train de changer en profondeur notre vie quotidienne et même l'évolution de la société, mais on n'en voit pas la trace dans les statistiques de la productivité. D'où le désappointement partagé par les techno-pessimistes et résumé dans la fameuse formule de Peter Thiel, le fondateur de PayPal : « Nous rêvions de voitures volantes, nous avons eu les 140 caractères ! » Thiel est comme Vijg et comme... saint Thomas, il a beau scruter l'horizon, celui-ci lui paraît désespérément vide : « Si vous regardez ailleurs que dans l'ordinateur et Internet, vous voyez quarante années de stagnation. » Manière de dire que l'innovation n'a pas diffusé dans l'ensemble de l'économie. L'examen attentif des courbes montre que, si la diffusion des ordinateurs dans les années 1980 a fini par doper la productivité par tête comme la productivité horaire, l'une et l'autre ralentissent à partir du milieu des années 2000, autrement dit même après la diffusion d'Internet, que ce soit dans l'ensemble de l'économie ou dans le secteur des nouvelles technologies lui-même.

Ainsi, aux États-Unis, la croissance annuelle moyenne de la productivité par tête atteint 2,7 % sur la période 2000-2006 dans l'ensemble de l'économie et 2,5 % pour l'économie hors secteur des nouvelles technologies de l'information (pour la productivité horaire, les chiffres sont respectivement de 2,9 et 2,4 %). Une tendance qui fléchit nettement à partir de 2007, quel que soit le secteur observé (les chiffres plafonnent à +1,5 % de croissance annuelle). Même le secteur qui produit les nouvelles technologies affiche des gains de productivité faibles. Leur rythme de croissance est passé de 15,2 % sur la période 1990-1999 à 5,1 % (2000-2006) puis à 1,6 % (2007-2013) en ce qui concerne la productivité par tête tandis que la productivité horaire prenait le même chemin : avec respectivement 16, 10 et enfin 3,8 % par an en moyenne sur les trois périodes de référence.

À partir de là, la conclusion ne peut être que provocatrice : si, en son temps, le développement des ordinateurs avait fini par correspondre à une accélération de la productivité dans l'ensemble de l'économie, la diffusion d'Internet dans les années 2000 va plutôt de pair avec un coup de frein, aussi bien dans le secteur des nouvelles technologies de l'information que dans le reste de l'économie. Et cela est vrai y compris aux États-Unis, c'est-à-dire jusque dans le berceau des NTIC. Sur la période 2000-2013, la productivité globale des facteurs n'a progressé en moyenne que de 0,7 % l'an outre-Atlantique, deux fois moins que lors de la décennie précédente (1,4 %). En zone euro, les chiffres sont encore plus cruels, puisqu'elle est carrément tombée à zéro (0,8 % l'an sur la décennie 1990).

À ce constat précis et chiffré, il faut ajouter un élément de réflexion supplémentaire qui éclaire peut-être la déception ressentie à propos de l'impact d'Internet sur les gains de productivité. On s'attendait en effet à ce que le développement des nouvelles technologies détruise des emplois peu qualifiés, mais crée des emplois qualifiés en raison de la complémentarité entre le capital technologique et l'emploi qualifié. Grâce à cette substitution, le processus était censé accoucher d'une augmentation des gains de productivité et de la croissance potentielle. Or ce n'est pas du tout ce que l'on observe depuis la fin des années 1990. Le poids relatif des emplois qualifiés (industrie manufacturière, services aux entreprises, services financiers), tout comme la productivité du travail, recule tant aux États-Unis que dans la zone euro pour les raisons déjà évoquées, tandis que les secteurs pourvoyeurs d'emplois peu qualifiés (services aux particuliers, BTP, distribution, transports, hôtellerie-restauration) ne cessent de prendre du poids. Le développement des nouvelles technologies n'a donc évité ni le freinage de la productivité dans les secteurs dits « sophistiqués », ni la diminution du poids relatif de ces secteurs dans l'économie, ouvrant – à la surprise générale –

la voie à un phénomène plutôt « antischumpétérien » en apportant sa pierre au développement des emplois peu qualifiés. Une mauvaise nouvelle pour la croissance future.

En définitive, Internet est-il (ou non) une innovation majeure ? Le doute est alimenté par la modestie, à ce jour, des effets produits par la troisième révolution industrielle sur la productivité. Mais soyons justes : de nos cinq (bonnes) raisons de croire à un ralentissement durable du progrès technique et de la croissance potentielle, celle-ci demeure toutefois aujourd'hui la plus ouverte. L'incertitude qui pèse encore sur le potentiel associé à la révolution numérique invite en tout cas à la prudence. Comme avait coutume de dire si bien l'illustre Pierre Dac : « La prévision est un art difficile, surtout quand elle concerne l'avenir. » Et, sur ce terrain, les techno-optimistes ne manquent pas d'arguments.

La comptabilité nationale incapable de mesurer les gains de productivité liés à Internet

Le premier argument renvoie à la vérité des chiffres. On ne voit pas trace d'Internet dans les statistiques de la productivité. Mais il est bien possible que l'on sous-estime celle-ci tout simplement parce qu'on ne sait pas la mesurer. La comptabilité nationale n'est pas encore capable de capter les améliorations de niveau de vie engendrées par les « effets qualité » associés aux innovations de la révolution technologique. Si elle sait le faire – d'ailleurs avec plus ou moins de précision – pour une voiture, elle ne sait pas valoriser les économies de temps, de coût (grâce à une meilleure concurrence), le bien-être associés à un achat en ligne sur Amazon ou sur Sncf.com. Bref, valoriser le bien-être sociétal engendré par une innovation née d'Internet. Il s'agit donc, de ce point de vue, d'améliorer nos instruments de mesure du PIB.

Le deuxième argument s'appelle tout simplement le temps. L'expérience a montré qu'il faut parfois des années, voire des décennies, pour que des innovations donnent leur pleine mesure et irriguent le tissu économique. Il n'est nullement exclu qu'il en aille de même cette fois encore. On a bien fini par voir les effets des ordinateurs dans les statistiques de la productivité ! Ainsi, les recherches du tandem Susanto Basu (du Boston College) et John Fernald (de la Federal Reserve de San Francisco) suggèrent qu'il faudra encore entre cinq et quinze ans pour que les investissements dans les nouvelles technologies soient visibles dans la productivité. D'autres spécialistes, tel Chad Syverson (de l'université de Chicago), apportent de l'eau à leur moulin en soulignant que, pendant le développement de l'électricité, la croissance de la productivité fut non seulement irrégulière mais mollassonne pendant toute la fin du XIXe siècle et le début du XXe, avant d'exploser littéralement. Les tenants de la théorie du temps suggèrent généralement que nous sommes arrivés à un nouveau « point d'inflexion », c'est-à-dire à un moment où le progrès technique va accélérer significativement dans le domaine des soins médicaux, les robots, l'impression 3D, les *big data*, les économies d'énergie, l'intelligence artificielle et les voitures sans chauffeur...

D'autres avancent une hypothèse en forme de variante de la thèse du délai : nous serions actuellement entre deux vagues, les gains de productivité étant étroitement liés aux performances productives des nouvelles technologies, lesquelles sont directement associées au nombre de transistors qu'un microprocesseur (une puce) peut contenir. Or l'amélioration des performances (ce nombre a doublé environ tous les deux ans entre les années 1960 et les années 2000, conformément à la loi de Moore) ralentit depuis le début du XXIe siècle en raison des contraintes d'ordre physique liées à l'augmentation indéfinie du nombre de transistors introduits sur les puces. En évoquant cette hypothèse, l'économiste Gilbert Cette souligne qu'« il est souvent considéré qu'une nouvelle vague de performance des NTIC devrait émerger sur les prochaines années, associée tout d'abord à la fabrication et à la diffusion de puces 3D, puis des bio-chips, et enfin, dans un avenir beaucoup plus lointain, à l'électronique quantique » (« Croissance de la productivité : quelles perspectives pour la France ? »). Si l'hypothèse se confirme, la révolution technologique associée aux NTIC induirait une seconde vague de croissance de la productivité qui s'amorcerait dans quelques années et pourrait même être plus importante que la première vague. D'ici là, nous nous situerions dans une sorte de phase de latence caractérisée par la faiblesse de l'investissement et du progrès technique, due à la conjonction d'une baisse de la rentabilité marginale du capital dans les anciens secteurs de croissance et du risque élevé des nouveaux investissements, dont les débouchés demeurent incertains.

Le chercheur français voit d'ailleurs là une opportunité unique pour les Européens de rattraper leur retard sur la « première vague » et de se donner les moyens de surfer sur la seconde pour peu qu'ils accomplissent les réformes nécessaires. Car, à ses yeux, les réformes structurelles sont fondamentales si l'on veut espérer profiter d'une nouvelle vague d'innovations. Dans le cas de certains pays comme la France ou le Japon, la révolution technologique associée aux NTIC a en effet eu un impact encore plus modéré (effet retard) qu'outre-Atlantique (d'où une baisse du niveau de productivité par rapport à celui des États-Unis) pour des raisons institutionnelles : moindre flexibilité du marché du travail, environnement moins compétitif sur le marché des biens et moindre niveau d'éducation moyen de la population en âge de travailler. Un espoir en forme de divine surprise : il existerait, toutes choses égales par ailleurs, un potentiel de rattrapage en Europe en général et en France en particulier.

Enfin, un dernier argument volontiers avancé par les techno-optimistes est qu'il est bien présomptueux de prétendre prédire l'avenir, surtout lorsqu'on manque cruellement d'imagination ! Sur ce point aussi, Robert Gordon a tenu à répondre à ses (nombreux) détracteurs en convoquant les mânes de Jules Verne, qui, dans son *Paris au XXe siècle* paru en 1863, avait déjà imaginé, avec une indéniable pertinence, ce à quoi ressemblerait la capitale française un siècle plus tard. Voitures rapides dotées de moteurs à combustion, autoroutes et échangeurs, rues éclairées la nuit grâce à un réseau électrique souterrain... Robert Gordon en conclut qu'il est tout à fait possible de prédire l'avenir si précisément on dispose de quelques éléments tangibles et d'un peu d'imagination. Il cite aussi dans son dernier *working paper* consacré au sujet (« La disparition de la croissance américaine : révision, réfutation et réflexions », février 2014) une page ébouriffante du *Ladies Home Journal* parue en 1900 où les prédictions les plus extravagantes côtoyaient les plus réalistes. Depuis la climatisation et l'eau chaude et froide au robinet jusqu'aux mets tout préparés en passant par les véhicules à moteur, les réfrigérateurs et les transmissions d'images à distance... Mais si l'avenir n'est pas imprévisible, on en revient toujours là : on ne discerne rien de décisif dans le radar pour les années qui viennent. L'iPhone et l'iPad appartiennent déjà à l'histoire de la révolution numérique. Et ce n'est pas l'imprimante 3D ou le t-shirt connecté qui vont révolutionner la future croissance de la productivité globale des facteurs! Encore moins la voiture (ou le camion) sans chauffeur. Comme le souligne, non sans humour, le professeur de Northwestern University : avec ou sans chauffeur, il faudra toujours un humain pour charger la cargaison de Coca-Cola!

Notre cinquième piste est donc aussi la plus fragile, la plus incertaine. Mais si la prudence et la modestie s'imposent dans ce débat, il nous paraît plus stimulant d'admettre avec les pessimistes qu'il existe un doute raisonnable sur l'ampleur de l'impact de la troisième révolution industrielle. Nous pensons en tout cas qu'il serait hasardeux pour l'avenir de la croissance de croire aveuglément au miracle, même s'il est clair qu'il faut tout faire pour optimiser l'usage des nouvelles technologies et pour les mettre au service de la création de richesses et d'emplois. D'ailleurs, l'avenir dépend-il seulement de la science et de la technologie? En mettant l'accent sur la bureaucratie et l'embourgeoisement de nos sociétés, Jan Vijg ouvre une nouvelle piste de réflexion. Il suggère surtout que l'avenir de la productivité n'est écrit nulle part et qu'une partie au moins dépend de nous. Il ne nous reste plus qu'à faire mentir le « paradoxe de Gordon »!

Chapitre 8

Le scénario qui déchire (le tissu social)

Nous vivons encore sur l'illusion d'un Occident maître de l'innovation, des ressources et des savoirs, assuré de détenir les clés de l'avenir du monde grâce à la croissance économique et à la force de la démocratie. Mais cette illusion est obscurcie par les nuages qui s'amoncellent au-dessus de nos têtes.

La crise violente à laquelle nous sommes confrontés est fondamentalement une crise de l'économie réelle qui, comme telle, appelle des politiques susceptibles de s'attaquer à la racine du mal.

Et d'abord à cette anémie de la productivité qui condamne nos économies aux tourments de la croissance molle. Qu'il suffise de rappeler ici un chiffre : la croissance potentielle de l'ensemble États-Unis et Europe, calculée comme la somme de la tendance des gains de productivité par tête et de celle de la croissance de la population en âge de travailler, est passée de plus de 2,5 % au début des années 1990 à un petit 1 % aujourd'hui!

Les anabolisants budgétaire et monétaire ne peuvent soigner l'économie réelle

Or, que constatons-nous depuis six ans, sinon que la plupart des gouvernements se contentent de bricoler pour sauver les meubles ? Aux États-Unis comme au Japon, au Royaume-Uni, en Espagne ou en France, les déficits publics se sont envolés (au-delà des conséquences de la crise de 2008) pour compenser la faiblesse des salaires et de la croissance. La dette publique des grands pays membres de l'OCDE est ainsi passée d'un peu plus de 70 % du PIB en 1998 à 120 % aujourd'hui. Surtout, l'économie est repartie grâce à des politiques monétaires très accommodantes, à coups de taux d'intérêt au plancher et de *quantitative easing* (assouplissement quantitatif ou équivalent moderne de la planche à billets).

Aux États-Unis, au Royaume-Uni, au Japon, l'ouverture en grand du robinet monétaire a stimulé et continue de stimuler la demande, en dépit de l'évolution de la politique monétaire américaine, grâce à l'effet richesse, c'est-à-dire à l'augmentation des prix des actifs (actions, immobilier) due à ces injections historiques de liquidités. Si l'on prend les quatre grands ensembles de l'OCDE, la base monétaire est passée d'un 8 % du PIB global en valeur en 1998 à 23 % en 2014. Rien qu'aux États-Unis, elle tutoie les 4 500 milliards de dollars (750 millions en 2002); celle de la zone euro a franchi le cap des 1 000 milliards d'euros (moins de 500 millions en 2002), et celle du Royaume-Uni, des 350 milliards de livres sterling (50 en 2002). Une folie, car il est illusoire et dangereux d'espérer régler les problèmes de l'économie réelle par les déficits ou la création monétaire. La Federal Reserve américaine a décidé de sortir du *quantitative easing* à l'automne 2014, mais la Banque du Japon a au contraire ouvert les vannes, et la Banque centrale européenne s'y est lancée à son tour. Finalement, en 2014, la liquidité mondiale aura continué à augmenter (+13 %) plus rapidement que le PIB mondial en valeur (+4,7 %).

Que ce soit aux États-Unis, au Royaume-Uni, au Japon ou dans la zone euro, la croissance, avec ou sans anabolisants budgétaire et monétaire, continue d'être freinée par les problèmes structurels qui minent l'économie réelle. La panne de la productivité et du progrès technique, associée à une démographie vieillissante, met la croissance potentielle au régime sec dans de nombreux pays. Rappelons nos prévisions : d'ici à 2025, 10,4 % l'an au

Royaume-Uni, 10,2 % au Canada, 0 % aux Pays-Bas, carrément sous le niveau de la mer en Espagne comme en Italie (21 %). Les pays très endettés (Royaume-Uni, Canada, Pays-Bas, Espagne, Italie) sont encore plus vulnérables puisqu'il leur est impossible d'espérer stabiliser le niveau d'endettement dès lors que le vieillissement de leur population n'est pas compensé par un progrès technique plus rapide, et qu'il déprime l'investissement public et privé, ce qui affaiblit encore davantage la productivité globale des facteurs.

Regardons un instant de plus près les perspectives de croissance de l'économie française. La situation hexagonale constitue en effet un terrain d'observation privilégié, car elle porte en germe à peu près toutes les pathologies de la « stagnation séculaire » chère à Larry Summers et Robert Gordon. En outre, le gouvernement français travaille sur des hypothèses de croissance potentielle – 1,6 % l'an, et même parfois 2 % – qui nous semblent pour le moins optimistes. Surtout après la crise. Le net recul de l'investissement (d'où une plus faible progression du capital et de la productivité du travail) et de la capacité de production de l'industrie tricolore (–10 % au cours des dix dernières années) a terriblement affaibli le potentiel de gains de productivité de l'économie, puisqu'en moyenne le niveau de productivité dans l'industrie est plus élevé qu'ailleurs. En outre, le niveau élevé du chômage de longue durée et du chômage des jeunes laisse redouter une saignée en capital humain, donc un nouveau « coup de mou » de la productivité du travail et de la productivité globale des facteurs.

Or l'équation n'a aucune raison de s'améliorer dans les années à venir. La politique budgétaire de la France devra rester restrictive alors même que, à l'évidence, la consolidation sera étalée sur une plus longue période. Le désendettement du secteur privé (la dette cumulée des entreprises et des ménages représente encore environ 125 % de PIB en 2014) va se poursuivre, ce qui ne manquera pas de peser sur la demande intérieure. Quant à la profitabilité et à la capacité d'autofinancement des entreprises, elles continuent à reculer (les profits après taxes, intérêts et dividendes sont tombés de 8,5 % à près de 6 % de PIB entre 2007 et 2013), ce qui contribue à déprimer les dépenses d'investissement. Le seul point positif peut venir de l'éventuelle hausse du taux d'emploi, fruit des politiques structurelles comme la réforme des retraites. Mais au mieux, en pariant sur un reflux du chômage, on peut espérer voir augmenter l'emploi de 5 % sur dix ans (3 % grâce à la baisse du chômage, 2 % grâce à la hausse du taux d'emploi).

Résumons-nous. Partant de la tendance des gains de productivité, des perspectives démographiques (la population de 20 à 60 ans va baisser chaque année dans notre pays jusqu'en 2035 avant de repartir modérément dans l'autre sens) et d'une hypothèse d'augmentation du taux d'emploi (63,9 % en 2012 pour les 15-64 ans), un rythme annuel de +0,9 % de la croissance potentielle de la France à très long terme (+0,7 % pour les gains de productivité, 0,0 % pour la population en âge de travailler et +0,2 % pour la remontée du taux d'emploi) nous paraît une estimation raisonnable. Cela signifie qu'à l'horizon 2040 le PIB en volume aura augmenté d'un peu plus de 26 % selon nos calculs, soit deux fois moins que l'estimation officielle. Un écart qui change tout. Si l'avenir nous donne raison, non seulement les gouvernements successifs rencontreront les plus grandes difficultés à réduire les déficits publics, mais le niveau de vie des Français devra encaisser un choc sans précédent. Surtout si l'on veut maintenir la générosité du modèle social, notamment en ce qui concerne les régimes de retraite et la santé.

En 2014, le ratio plus de 60 ans/20 à 60 ans était de 47,4 %, ce qui signifie que, grosso modo, un actif travaillait pour financer la pension d'un retraité. En 2040, ce ratio devrait avoir grimpé jusqu'à 67 %, ce qui veut dire que notre actif devra cette fois travailler pour financer la retraite de deux têtes blanches. À générosité inchangée du système de retraite, le poids des retraites publiques dans le PIB devrait ainsi passer de 14 % en 2013 à 20 % en 2040, et la croissance du pouvoir d'achat des actifs s'en trouver limitée à 0,6 % l'an (contre 1,3 % dans l'hypothèse gouvernementale). De la même manière, le vieillissement démographique et les évolutions technologiques laissent prévoir une hausse importante des dépenses de santé, de l'ordre de 2,3 % par an en termes réels. Si la croissance potentielle est, comme nous le pensons, limitée à 0,9 % l'an, la facture passerait de 8,4 % du PIB par an en 2013 à 12,4 % en 2040, soit la moitié en plus. Ces deux exemples montrent bien comment, sur longue période, le décalage entre croissance espérée et croissance réelle peut susciter de nombreux déséquilibres et nourrir autant de sujets de friction, voire de confrontation, entre les catégories sociales. Surtout si l'appauvrissement annoncé s'accompagne, comme on commence à le pressentir, d'une montée des inégalités.

La menace d'une baisse généralisée du niveau de vie

La stagnation du PIB sur longue période nous paraît être, de loin, l'enjeu le plus crucial auquel la plupart des pays de l'OCDE, à commencer par la France, seront confrontés dans les années à venir. Il s'agit d'une situation totalement inédite depuis 1945, et elle est de nature à remettre en cause notre niveau de vie des prochaines décennies. Avec à la clé, si l'on n'y prend garde, la mise en route d'un processus d'appauvrissement à grande échelle. Dans nos pays, l'attention de l'opinion publique comme des dirigeants est souvent accaparée par la question du chômage. Et il est vrai qu'un pays comme la France cumule depuis longtemps les problèmes de croissance et d'emploi en raison notamment des dysfonctionnements du marché du travail. L'effondrement des gains de productivité n'est pas en lui-même créateur de chômage : le tandem croissance faible-productivité faible peut très bien être porteur de plein-emploi ! En revanche, ce cocktail fabrique à coup sûr une baisse généralisée du niveau de vie, associée à l'explosion de la pauvreté et de la précarité. Un scénario dont on commence à observer les stigmates sur le partage des revenus, en France comme ailleurs.

Aux États-Unis, dans la zone euro (sauf en France), au Japon et au Royaume-Uni (depuis 2009), le partage des revenus évolue en faveur des profits et au détriment des salaires. Les salaires réels augmentent peu (d'à peine 5 % depuis quinze ans au Japon, de 6 % en zone euro (hors France) et d'un peu plus de 10 % aux États-Unis), la profitabilité devient très élevée, supérieure au niveau nécessaire pour financer les investissements (au Japon, on l'a dit, le taux d'autofinancement excède les 170 %).

En France aussi, on observe une déformation anormale du partage des revenus, mais en sens inverse de ce qui se passe ailleurs dans les pays de l'OCDE, c'est-à-dire au profit des salariés. Dans notre pays, en effet, les salaires réels ne réagissent ni à la montée du chômage ni à la dégradation du taux de profit et de la compétitivité. Le salaire réel par tête a ainsi augmenté de 16 % depuis 1998, d'où la faiblesse des profits et de la capacité d'autofinancement (inférieure à 70 %).

Dans les deux cas, cette déformation anormale du partage des revenus porte un mauvais coup à la croissance en raison des effets d'offre (recul de la croissance potentielle) et de demande (faiblesse des salaires réels due à celle de la productivité).

La situation est d'autant plus inquiétante que nous sommes en train d'alimenter un véritable cercle vicieux. Lorsque la croissance ralentit pendant longtemps, de nombreux facteurs amplifient le ralentissement : la hausse du chômage de longue durée débouche sur un gâchis de capital humain, d'employabilité, de productivité du travail; le freinage de l'accumulation de capital va de pair avec un vieillissement du stock de capital et donne un coup d'arrêt au progrès technique ; les secteurs où la productivité est la plus élevée (l'industrie en particulier) sont ceux qui souffrent le plus de la perte de croissance, d'autant qu'ils doivent faire face à des destructions irréversibles de capacités de production. Or il s'agit bien là des tendances que l'on observe aujourd'hui. Un engrenage infernal qui met les peuples occidentaux à rude épreuve et qui menace d'entraîner l'économie mondiale dans une spirale dépressive.

Depuis le début des années 2000, la baisse du niveau de vie s'installe en Europe comme aux États-Unis, avec augmentation de la précarité, de la pauvreté, et avec la multiplication des emplois peu ou pas qualifiés. En Europe, la pauvreté progresse un peu partout, y compris dans les brumes du Nord. Elle touche une personne sur six en France comme en Allemagne. En France, par exemple, un Français sur deux vit aujourd'hui avec un revenu disponible de moins de 1 630 euros par mois. La proportion est du même ordre de l'autre côté de l'Atlantique, où la Conférence des maires des États-Unis a recensé récemment 50 millions de pauvres et plus de 3,5 millions de sans-abri à l'occasion d'une étude réalisée dans vingt-cinq grandes villes américaines.

Surtout, la dégradation des conditions de vie des classes populaires et moyenne s'accompagne, en Europe comme au Japon ou aux États-Unis, d'une poussée des inégalités sans précédent depuis les années 1930. Ainsi, les revenus de 99 % des Américains ont stagné au cours des trois dernières années quand ceux du 1 % le plus riche ont augmenté de plus de 30 %. Avec, prédit Joseph Stiglitz, prix Nobel d'économie, « des conséquences dévastatrices » pour la classe moyenne américaine. Une situation dont celle-ci commence à prendre sérieusement conscience. Ce n'est pas un hasard si les États-Unis sont tombés amoureux de Thomas Piketty et de son *Capital au XXIe siècle* (paru au Seuil), une somme sur l'inégalité et sur la montée en puissance de ce « 1 % », que ce soit aux États-Unis ou en Europe. Un ouvrage dans lequel il défend l'idée que, lorsque la croissance économique ralentit dans un pays, les revenus générés par le patrimoine gonflent par rapport à ceux issus du travail, ce qui fait exploser les inégalités. Avec tous les risques que cela comporte. Dans une société où les gains de productivité progressent rapidement, il est en effet moins grave de laisser les inégalités se creuser. En revanche, dans une société où les gains de productivité progressent peu, le risque est grand de mettre en péril les conditions du vivre ensemble et de voir se déchirer le tissu social.

Pigeons, cigognes, poussins, dindons, moutons, dodos, ou le retour des corporatismes

Le dérapage non contrôlé des inégalités est une très mauvaise nouvelle pour la croissance, comme l'attestent de nombreux travaux de chercheurs. C'est aussi une très mauvaise nouvelle pour la démocratie, car, dans une société qui a égaré la recette de la création de richesses, les corporatismes et autres intérêts divers ont le champ libre pour défendre coûte que coûte leur part du (minuscule) surplus. Dans les pays où la productivité stagne, le revenu réel par tête fait lui aussi du surplace : il n'y a pas de revenu supplémentaire, chaque année, à partager entre les différentes catégories de la population. Le partage des revenus devient un jeu à somme nulle. Si une catégorie bénéficie d'une progression de son revenu, une autre accusera un recul. On imagine aisément, dans ces conditions, les conflits de répartition qui sont susceptibles de surgir. Entre revenus du capital et revenus du travail, par exemple, le partage devient très conflictuel dès lors que les gains de productivité sont faibles. En effet, si la part des profits dans le revenu global augmente (comme c'est le cas depuis 2008 en Espagne, depuis 2009 aux États-Unis et au Royaume-Uni, en Allemagne et au Japon), la croissance des salaires réels devient très modeste, et les salariés se sentent fortement pénalisés ; si la part des salaires dans le revenu global augmente (France, Italie), les profits diminuent, et la capacité à investir des entreprises est fortement atteinte, ce qui, à terme, ne manquera pas de pénaliser l'emploi et le niveau de vie des salariés.

De même, dans un contexte de vieillissement démographique, le maintien coûte que coûte du niveau de vie relatif des retraités alors que la productivité stagne implique forcément un recul du niveau de vie des actifs et un conflit de répartition. On pourrait aussi bien évoquer la même problématique entre *insiders* (salariés anciens en CDI) et *outsiders* (salariés récents, en particulier les jeunes, avec des contrats de travail temporaires) sur le marché du travail, ou entre « riches » et « pauvres » : les inégalités de revenus sont vécues encore plus durement lorsque le revenu réel global par tête ne progresse pas, comme on vient de le voir pour les États-Unis.

Tous ces conflits potentiels mijotent désormais à feu doux. Il suffit pour s'en convaincre de faire l'inventaire de l'improbable ménagerie qui a envahi les routes de notre beau pays depuis quelques mois : des pigeons aux cigognes en passant par les poussins, les dindons, les moutons et les dodos... Sans oublier les « bonnets rouges », une espèce nouvelle, récemment encore inconnue des zoologistes ! Autrement dit, les entrepreneurs du Net vent debout contre la fiscalité sur les plus-values, les sages-femmes résolues à être reconnues comme « praticien de premier secours », les autoentrepreneurs attachés à leur statut, les enseignants remontés contre la réforme des rythmes scolaires, les indépendants victimes de la pression fiscale, les VTC en lutte contre les artisans taxis, sans oublier les collectifs d'agriculteurs et d'entrepreneurs bretons mobilisés contre l'écotaxe poids lourds... Sans oublier non plus l'émergence de mouvances qui veulent faire de la préservation du monde une priorité et entrent en résistance contre ce qu'elles appellent l' « idéologie de la croissance ». À commencer par les « zadistes », militants antiproductivistes des « zones à défendre » (ZAD) bien implantés sur le site du barrage de Sivens (Tarn) mais aussi sur celui de l'aéroport de Notre-Dame-des-Landes ou du val de Suse (Italie) afin de protester contre la construction de la ligne à grande vitesse Lyon-Turin.

Les jeunes, particulièrement malmenés par les conséquences de la crise, s'inquiètent de plus en plus de l'évolution de la situation économique et sociale. Notamment sur le front des inégalités. Ainsi, Louis Chauvel, sociologue à l'université du Luxembourg, et Martin Schröder, sociologue à l'université de Marburg, ont consacré leurs dernières recherches (« Inégalités générationnelles et modèles sociaux », revue *Social Forces*, juin 2014) à l'évolution des inégalités entre générations en Europe. Leurs conclusions ne sont guère flatteuses pour la France, qu'ils classent en tête pour ces inégalités entre générations. En étudiant dix-sept pays européens, les deux chercheurs ont noté que si les jeunes nés autour de 1975 « avaient eu la chance de suivre la tendance de croissance exceptionnelle des niveaux de vie dont ont bénéficié les cohortes nées entre 1929 et 1950 », leur niveau de vie serait de 30 % plus élevé.

De quoi alimenter l'exaspération de la fameuse génération Y. Une grande enquête menée à l'automne 2013 (« Génération quoi ? », France Télévisions/*Le Monde*/Europe 1) auprès de quelque 210 000 jeunes âgés de 18 à 34 ans révèle son malaise et sa rancœur vis-à-vis de la génération dorée des baby-boomers, qui serait, selon une majorité d'entre eux, responsable de ses difficultés actuelles. Des jeunes qui aiment tendrement leurs parents mais qui en ont « marre des baby-boomers » : « On paie pour leur retraite, mais, nous, on n'en aura pas. » Commentaire de la sociologue Cécile Van de Velde, maître de conférences à l'EHESS citée par *Le Monde* : « Le problème d'équité entre générations se conscientise, sans doute du fait de la politique d'austérité, de la réforme des retraites et des débats sur le poids de la dette. Les jeunes pensent qu'ils font les frais de tout cela. » Pour le moment, la qualité des liens familiaux (les parents aident de plus en plus leurs enfants qui ont du mal à s'insérer dans le monde du travail) constitue un frein à la contestation générationnelle. En 2010, des lycéens sont même descendus dans la rue en France pour défendre la retraite de leurs « vieux parents », et les jeunes se mobilisent plus facilement contre les élites ou le capitalisme que contre leurs bienveillants aînés. Toutefois, cette enquête traduit un glissement et une montée de l'exaspération face aux difficultés qui s'accumulent dans un contexte général plutôt morose.

L'enquête « Génération quoi ? » révèle aussi la fragilisation du lien social à travers les frustrations d'une génération qui ne croit plus dans la politique et dont l'esprit de tolérance demeure fort mais semble entamé. Les sociologues pointent qu'une grosse minorité campe sur des positions autoritaires et xénophobes. « Ce sont les jeunes invisibles, précise Cécile Van de Velde, dans des vies d'impasse, perdants de la mondialisation. Beaucoup de ruraux et de périurbains, en difficulté, déclassés. Ils sont souvent tentés par le Front national. » De ce point de vue, la génération Y tend un miroir à une société française où le lien social devient de plus en plus fragile, s'accompagnant d'une difficulté à vivre ensemble, nourrissant les corporatismes, les affrontements catégoriels, et favorisant la recherche de boucs émissaires. Le succès de l'ouvrage d'Éric

Zemmour (*Le Suicide français*, paru chez Albin Michel) suffit à démontrer combien les Français sont désormais tentés de rendre pêle-mêle les technocrates bruxellois, les élites, les immigrés, les partisans de la mondialisation, le « lobby » homosexuel, les musulmans et autres « ennemis de l'intérieur » responsables de tous les maux. Et d'abord du déclin national accompagné d'un déclassement individuel. Quitte à mettre de l'huile sur le feu des affrontements catégoriels. Chacun aujourd'hui en est d'ailleurs parfaitement conscient. Un sondage BVA/CGSP (« Quelle France dans dix ans ? »), réalisé en février 2014 pour le Commissariat général à la stratégie et à la prospective, montre que 72 % des Français anticipent pour les dix ans à venir des tensions entre les groupes composant la société. L'absence durable de résultats économiques susceptibles de garantir une amélioration de la vie quotidienne du plus grand nombre ne pourrait qu'alimenter cette dérive, avec le risque que les mouvements que l'on voit fleurir au gré des exaspérations se connectent avec le climat idéologique conservateur. Un terreau privilégié pour les extrêmes, comme l'ont montré – en France et ailleurs – les résultats des scrutins électoraux de 2014.

En une ou deux générations, la mondialisation aura jeté dans un même bain planétaire les vieux riches que nous sommes et les milliards de jeunes pauvres qui rêvent de rattraper notre niveau de vie. Ce n'est pas la mer à boire, mais c'est une autre mer. Comment y naviguer ? Une chose est sûre : nous ne pouvons plus compter désormais, en tout cas comme avant, sur la providentielle croissance. Il va nous falloir apprendre à gérer la rareté, pas seulement de l'argent public, mais aussi et surtout du PIB. Pour la génération arrivée aux affaires avec les Trente Glorieuses, c'est une bascule intellectuelle sans précédent. Un ultime défi à relever avant de transmettre le flambeau.

Chapitre 9

Un nouveau partage pour éviter l'affrontement

Impossible d'aborder la dernière étape de notre réflexion sans revenir d'abord sur la question qui agite régulièrement les esprits un peu partout dans le monde : avons-nous absolument besoin de croissance ? N'est-il pas temps d'imaginer un autre mode d'organisation de l'économie mondiale, moins centré sur la création de richesses ? Ce questionnement, qui gagne du terrain en France comme ailleurs, c'est celui des « décroissants », mais aussi de tous ceux qui, sans se réclamer forcément de cette école de pensée, dénoncent la « mystique de la croissance », pour reprendre le titre d'un ouvrage de la sociologue Dominique Méda, une mystique qui nous empêcherait de déplacer les lignes pour réfléchir autrement à l'avenir de nos enfants. Redisons-le en guise de préambule : certes, le modèle de croissance que nous avons connu depuis 1945 n'est plus soutenable, pour des raisons à la fois écologiques et sociales. Mais, quitte à passer pour de vieux enfants des Trente Glorieuses incapables de « penser autrement », nous restons convaincus que le monde a besoin de créer des richesses parce que la croissance augmente le niveau de vie, contribue à réduire les inégalités, atténue les souffrances sociales et favorise l'émancipation tant individuelle que collective. Nous pensons aussi que la croissance constitue un élément essentiel du « modèle » européen, un modèle à forte composante sociale qui ne peut fonctionner sans un certain niveau de création de richesses. Imaginer un nouvel âge de la croissance, c'est donc dans cette perspective que nous nous situons.

La disparition des gains de productivité, maladie pernicieuse de l'économie réelle

Pareille ambition suppose la pérennisation d'un modèle économique aussi équilibré que possible, capable de concilier l'évolution de nos sociétés avancées, qui consomment de plus en plus de services, et la préservation d'un certain niveau de productivité, donc de croissance potentielle, grâce au maintien d'une industrie solide associée à des services sophistiqués. Il faut marcher sur les deux pieds pour espérer garantir mieux qu'un taux de croissance potentielle, un niveau de PIB aussi élevé que possible. Mieux qu'une « tertiarisation » accélérée de l'économie mondiale, qui serait certes garantie sans CO_2 mais ne nous protégerait nullement de l'appauvrissement, cette équation nous paraît davantage susceptible d'offrir un meilleur niveau de vie au plus grand nombre, à condition de ne pas se tromper de priorités et de redéfinir les conditions d'un partage des revenus à la fois plus équitable et plus performant.

Inutile, pour commencer, de trop attendre des politiques monétaires expansionnistes. Certes, celles-ci peuvent transitoirement soutenir la demande : les injections de liquidités dues au *quantitative easing* font monter les prix des actifs via les effets de richesse qui dopent la demande, comme on l'a effectivement observé aux États-Unis, au Japon et au Royaume-Uni. Ces politiques monétaires vont aussi de pair avec des taux d'intérêt plus bas, ce qui facilite le désendettement. Elles ont donc incontestablement des effets positifs sur la croissance, mais elles ne peuvent pas corriger les problèmes fondamentaux qui l'affaiblissent durablement : la déformation de l'économie mondiale vers les services ; l'amaigrissement des gains de productivité ; la prudence de plus en plus préoccupante des entreprises, même lorsque leur situation financière est favorable ; la faiblesse du pouvoir de négociation des salariés, qui se traduit par la baisse de la part des salaires dans le PIB. On est d'ailleurs bien obligé de constater que les politiques monétaires expansionnistes ne se traduisent nulle part par une reprise de l'investissement qui serait suffisante pour faire repartir la productivité, par une progression des salaires ou par un redressement du commerce mondial. Il s'agit bien là d'une facilité que se donnent les gouvernements de faire porter à la banque centrale le poids du soutien de l'activité.

Les Français sont bien placés pour savoir que les vraies fausses bonnes idées censées relancer la croissance ne manquent pas de germer régulièrement dans la tête de nos dirigeants, de droite comme de gauche. Le discours sur la croissance au coin de la rue constitue depuis plus de quarante ans un grand classique du répertoire politique hexagonal. Avec, à chaque fois, la panoplie des mesures censées extirper le pays de la situation économique difficile dans laquelle il se trouve. Qu'il s'agisse de la dépréciation du change (aujourd'hui la sortie de l'euro), du subventionnement des entreprises destiné à compenser des coûts salariaux trop élevés (allégement de charges sur les bas salaires, pacte de responsabilité) tout en évitant de réformer le marché du travail, sans oublier la protection contre la concurrence internationale censée réduire la part de marché des produits importés, le catalogue des « facilités » est bien rempli. Et tant pis si ces remèdes miracles compromettent encore un peu plus le redressement économique. On connaît par cœur les coûts d'une dépréciation monétaire : hausse des prix des produits importés, perte de la valeur en devises de la richesse du pays, hausse de la valeur en monnaie nationale de la dette extérieure exprimée en devises, absence d'incitation à monter en gamme, hausse des taux d'intérêt avec l'apparition du risque de change... On connaît aussi celui des subventions aux entreprises (les déficits). Quant à l'utopie de la « démondialisation » et du protectionnisme national, elle ignore la nouvelle nature du commerce international. Désormais, avec la segmentation de la chaîne de valeur (les productions de biens sont saucissonnées entre différents pays), les importations sont devenues des importations obligées qui ne peuvent plus être remplacées par des productions domestiques. Nos importations sont d'ailleurs très souvent des biens intermédiaires utilisés par les entreprises françaises pour leur production. Ainsi, plus d'un million d'emplois européens dépendent en réalité des importations en provenance de Chine, tout comme quelque 600 000 sont directement liés aux importations en provenance des États-Unis et du Japon. Cela est révélé par le fait que l'élasticité-prix des importations en volume de la France est nulle – autrement dit, quel que soit le prix, il n'y a pas de substitution possible.

On sait, pour les avoir souvent testés depuis quelques décennies déjà, que ces remèdes ne soignent pas le malade mais lui donnent tout au plus l'illusion d'une rémission avant la prochaine rechute. Il faut attaquer le problème fondamental auquel les pays de l'OCDE, notamment de la zone euro, sont confrontés : la disparition des gains de productivité due au faible nombre d'entreprises innovantes, aux rendements décroissants de la R&D, à l'envolée de l'intensité capitalistique, à l'insuffisance des compétences de la population active, à l'absence d'innovation majeure dans l'économie, à la disparition progressive de l'industrie. Et, au moins en ce qui concerne la France, à la chute des marges bénéficiaires. Pour restaurer la compétitivité, il est donc prioritaire d'innover, de moderniser le stock de capital et d'investir dans les nouvelles technologies, d'améliorer les compétences de la population active, de monter en gamme, de réaliser des réformes structurelles (marché du travail, marché des biens et services, fiscalité), de faire des économies et de traquer les rentes injustifiées. Bref, de mener des politiques de l'offre. Une priorité qui, il n'y a pas si longtemps, n'était pas – en France en tout cas – considérée comme politiquement correcte (ah! les cadeaux aux entreprises!).

L'Allemagne a ouvert la voie au début des années 2000 avec l'Agenda 2010 du gouvernement Schröder. Les gouvernements italien et français lui ont emboîté le pas avec une bonne dizaine d'années de retard, notamment sous la forme d'une baisse des impôts qui pèsent sur les entreprises, en particulier des cotisations sociales. Il faut poursuivre l'effort sans être pour autant assuré du résultat. Et surtout en se préparant à en gérer dans un premier temps les effets secondaires, car les réformes structurelles indolores à court terme n'existent pas, comme l'ont bien montré en leur temps les exemples du Royaume-Uni et de la France dans les années 1980, puis précisément de l'Allemagne dans les années 2000. À chaque fois, la hausse de l'investissement et de l'emploi n'est intervenue que plusieurs années après que la baisse du coût du travail a été mise en œuvre.

Prenons l'exemple de l'Allemagne. La diminution des cotisations sociales des entreprises et de l'impôt sur les sociétés, associée à la flexibilisation du marché du travail (les réformes Hartz), qui se traduit par une baisse des plus bas salaires, a été mise en place à partir de 2001-2002. Mais les premiers signes de redressement de l'investissement et de l'emploi ne sont apparus que fin 2005 et surtout en 2006, soit quatre ans plus tard. Entre-temps, les salariés avaient dû encaisser une baisse des salaires réels et la hausse du chômage. Et encore, l'Allemagne a bénéficié à cette époque d'un boom des exportations – stimulées par une croissance mondiale de 5 % l'an – et de la capacité à laisser filer le déficit public, qui franchira la barre des 4 % de PIB jusqu'en 2005 avant d'être progressivement corrigé. Une latitude dont ne disposent aujourd'hui ni le gouvernement français, ni le gouvernement italien.

Ainsi, le « plan Hollande » (le pacte de responsabilité), fondé sur une baisse de l'ensemble des impôts et des cotisations sociales des entreprises – financée par une baisse des dépenses publiques –, sera moins efficace et plus coûteux que le « plan Schröder » du début des années 2000. Et ce pour plusieurs raisons. D'abord, le déficit public de la France en 2014 était nettement plus élevé que celui de l'Allemagne en 2000. Ensuite, l'environnement mondial était favorable dans les années 2000, il est défavorable aujourd'hui. Enfin, l'euro était faible, il est surévalué aujourd'hui ; un handicap pour la France, au moment où celle-ci met en place des politiques qui, dans un premier temps, vont freiner la demande intérieure (baisse des dépenses publiques). La politique de redressement française s'annonce donc bien plus coûteuse en emplois que ne le fut l'allemande. D'où le débat sur la vitesse souhaitable de réduction des déficits, quand on sait que les effets de la politique de l'offre mettront deux, trois, voire cinq ans, avant de se faire sentir. D'où aussi la nécessité de tenir sur le sujet un discours clair, à moins de prendre le risque de voir l'opinion rejeter des mesures pourtant indispensables.

La croissance ou l'affrontement ?

Mettre en œuvre des politiques de l'offre et en faire d'urgence la pédagogie est nécessaire mais insuffisant. C'est également risqué. Les menaces qui pèsent aujourd'hui sur la normalisation progressive de l'économie mondiale après 2008 ne doivent pas être négligées. Dans un contexte de faible croissance du PIB, les réformes nécessairement douloureuses ne seront vécues comme supportables que si elles sont perçues comme les plus équitables et les plus équilibrées possible. Faute de quoi, on l'a dit, on courrait le risque de conflits catégoriels à répétition. Faut-il rappeler que trois Français sur quatre prédisent que, dans les dix ans qui viennent, les tensions se multiplieront entre les groupes composant la société ? Une intuition largement partagée par les citoyens européens et américains qui interpellent leurs gouvernements. Partout, la montée des inégalités exaspère les tensions. Elle remet aussi l'État à l'honneur. Chacun attend que la puissance publique joue son rôle et travaille à rééquilibrer un partage dont les dérèglements constituent autant de menaces pour la prospérité économique et la paix sociale.

Partage salaires/profits. Dans la plupart des pays de l'OCDE, il s'agit d'abord de redonner toute leur place aux revenus du travail. Une politique de l'offre, aussi justifiée et efficace soit-elle, ne sert à rien dans un environnement où le partage des revenus est à ce point déséquilibré et où la demande devient de plus en plus étique. Ainsi, le débat autour du salaire minimal revient sur le devant de la scène des deux côtés de l'Atlantique, car les salariés les plus vulnérables et les moins qualifiés (ce sont souvent les mêmes) sont les premières victimes de la crise. C'est la chancelière allemande Angela Merkel qui, la première, a remis le sujet sur la table en annonçant, en novembre 2013, vouloir instaurer un salaire minimal généralisé outre-Rhin. Une volonté politique concrétisée en avril 2014 par le Conseil des ministres, qui a adopté un projet de loi instaurant un salaire minimal légal horaire de 8,50 euros brut (il est de 9,53 euros en France) à partir du 1er janvier 2015, un projet voté par les députés au début du mois de juillet 2014. Seules deux catégories de salariés pourront être rémunérées à un niveau inférieur : les jeunes de moins de 18 ans qui n'ont pas achevé leur formation, et, pendant six mois, les chômeurs de longue durée qui perçoivent une allocation de l'agence pour l'emploi (seuls 16 000 chômeurs sont concernés).

Le Premier ministre britannique David Cameron et le président américain Barack Obama lui ont emboîté le pas. Le premier en plaidant pour une augmentation de 11 % du salaire minimal outre-Manche, à 7 livres brut l'heure (8,60 euros), contre 6,31 livres (7,70 euros). Le second, en proposant de relever le salaire minimal fédéral de 40 % d'ici à 2016 (de 7,25 à 10,10 dollars), avec une formule choc : « Donnez une augmentation à l'Amérique ! », et en demandant aux États, aux municipalités et aux entreprises de passer à l'action sans attendre d'avoir désarmé l'hostilité du Congrès. Message reçu. En 2014, une vingtaine d'États ont augmenté leur salaire minimal sous la pression de diverses manifestations et grèves, telles celles des salariés de la restauration rapide, qui ont investi plusieurs grandes villes américaines comme Chicago, Los Angeles ou Miami. Mais c'est à Seattle que l'effet salaire minimal s'est fait sentir de la manière la plus spectaculaire : le maire de la ville, Ed Murray, a annoncé le 1er mai 2014 un accord avec des organisations syndicales et patronales qui fera passer le salaire minimal local de 9,32 dollars l'heure à 15 dollars d'ici à 2021.

Un nouvel épisode de la lutte contre la paupérisation des classes sociales les plus défavorisées, cinquante ans tout juste après la grande croisade contre la pauvreté lancée par le président Lyndon Johnson en 1964, et au moment où les inégalités connaissent outre-Atlantique une poussée sans précédent.

Sur la question du partage des revenus entre salaires et profits, la situation française fait figure de curiosité, puisque, si l'on observe une déformation anormale du partage des revenus, c'est – on l'a dit – en sens inverse de ce que l'on constate ailleurs dans les pays de l'OCDE, c'est-à-dire au profit des salariés. Dans notre pays, les salaires réels ne réagissent ni à la montée du chômage, ni à la dégradation du taux de profit et de la compétitivité. Le salaire réel par tête a ainsi augmenté de 16 % depuis 1998, d'où la faiblesse des profits et de la capacité d'autofinancement. C'est la raison pour laquelle le débat autour du salaire minimal et de ses différents rôles – garantie de la valeur du travail, lutte contre la pauvreté, instrument de la politique de l'emploi – ne se situe pas dans le même registre en France qu'ailleurs, se focalisant surtout sur l'impact du niveau du smic sur l'emploi. En France, le smic représente 62 % du salaire médian, contre 50 % en moyenne dans les pays de l'OCDE. Nous y reviendrons en conclusion.

Partage revenus du capital/revenus du travail. D'un point de vue plus général, la question de l'appétit des investisseurs pour le rendement reste entière. En dépit des ravages provoqués par la dernière crise financière, ils continuent en effet de demander des rendements élevés pour leur argent, sans adapter leurs exigences de rentabilité au rythme de la croissance potentielle. Ils le font d'autant plus naturellement que les politiques monétaires très accommodantes qui sont menées depuis 2008 les encouragent à spéculer aux quatre coins de la planète sur tel ou tel prix d'actif qui devient aussitôt la référence du rendement que l'on peut espérer obtenir. Cette volonté des détenteurs de capital de ne pas renoncer à un niveau élevé de rendement creuse les inégalités entre les détenteurs de patrimoine et les salariés dans une économie de bulles spéculatives où l'on sait pertinemment que les plus-values en capital issues de la spéculation sont stériles pour la collectivité. Il paraît donc essentiel d'amener les investisseurs à modérer leurs exigences afin d'éviter que ne s'accentue la baisse de la part des salaires dans le partage des revenus, ce qui – on l'a vu – est le cas dans la plupart des pays occidentaux (hormis la France) et que ne s'approfondissent encore davantage les inégalités entre les détenteurs de patrimoine et les salariés. On a pensé pendant longtemps que les inégalités étaient en quelque sorte la contrepartie inévitable de la croissance. On découvre aujourd'hui combien elles peuvent devenir un handicap économique et un fardeau politique et social. Toutefois, les États – à condition de s'entendre sur des actions concertées – peuvent se donner les moyens de lutter contre les exigences excessives de rendement, notamment en contrôlant et en taxant les activités spéculatives sans rapport avec la création de richesses.

Partage précaires/qualifiés. Pour les jeunes générations, la retraite n'est pas le seul sujet d'inquiétude, voire d'exaspération. Et ici nous nous intéresserons plus spécifiquement à la situation française. À la première occasion, la structure très inégalitaire du marché du travail jette en effet les salariés les plus fragiles dans le chômage et la précarité. Or, en principe, on s'attend à ce qu'il existe une corrélation négative entre le taux de chômage et la croissance du salaire. Autrement dit, en période de crise, une augmentation du chômage a normalement pour effet d'entraver la progression des salaires réels. Et c'est d'ailleurs bien ce que l'on constate dans les pays de l'OCDE. Si l'on regarde sur une longue période (1998-2013), on observe bien partout cette corrélation négative, notamment au Royaume-Uni et en Allemagne.

Partout sauf en France, où une augmentation du chômage provoque une croissance plus rapide du salaire réel ! Un résultat pour le moins paradoxal dû en réalité au caractère totalement dual du marché du travail dans notre pays. Dans les récessions, le chômage augmente beaucoup pour les jeunes et les salariés peu qualifiés (en 2013, le taux de chômage des jeunes de 15 à 24 ans dont le niveau d'éducation est inférieur au deuxième cycle du secondaire était de 37,6 %), modérément pour les salariés plus âgés, plus qualifiés et mieux protégés. Ces derniers conservent leur emploi tandis que les plus jeunes se retrouvent au chômage, ce qui a pour effet, mécaniquement, de faire monter en France le niveau moyen du salaire, puisque ceux qui conservent leur emploi sont aussi ceux dont les salaires sont les plus élevés. Ajoutons à cela que les salariés munis d'un contrat de travail solide profitent de la conjonction de la désinflation et de l'inertie des salaires nominaux, ce qui les préserve d'une baisse significative de leur pouvoir d'achat. De plus, ils bénéficient de la baisse des paiements d'intérêt sur les dettes du fait de la chute des taux. Enfin, ils voient leurs revenus soutenus par nombre de transferts publics (aides à l'achat d'automobiles, à l'achat de logements, baisses d'impôts) qui profitent surtout aux salariés protégés. Autant d'éléments qui montrent au passage que les politiques contracycliques aident surtout ceux qui en ont le moins besoin, renforçant ainsi le dualisme du marché du travail entre salariés fragiles et salariés protégés. Pour rapprocher la formation des salaires de la situation de l'économie (du niveau de chômage) et rééquilibrer une situation particulièrement injuste socialement, il est donc indispensable et urgent de remédier à cette dualité du marché du travail en réduisant la protection de l'emploi pour les plus âgés et les plus qualifiés, et en l'augmentant pour les plus jeunes et les moins qualifiés. De ce point de vue, le « Jobs Act » du président du Conseil italien Matteo Renzi représente une piste intéressante. Il propose un contrat unique, un CDI avec période d'essai longue (trois ans), avec lequel le salarié verrait sa protection augmenter progressivement. En contrepartie, l'existence du CDD devient inutile, ce qui représente une réduction de la précarité pour les salariés de plus en plus soumis à des propositions de CDD de très courtes périodes, tout en ménageant une flexibilité accrue pour les entreprises.

Partage prêteurs/emprunteurs. Il y a la question du délicat équilibre entre prêteurs et emprunteurs, investisseurs et épargnants. Compte tenu du niveau sans précédent des taux d'endettement observés aux États-Unis, dans la zone euro (à l'exception de l'Allemagne), au Royaume-Uni ou au Japon, des taux d'endettement (public et privé) qui non seulement sont de loin à leur plus haut historique mais continuent à augmenter, les banques centrales sont soumises à de fortes pressions pour maintenir des taux d'intérêt à long terme faibles, si possible inférieurs au taux de croissance nominale. Une politique qui, tant qu'elle dure, sauve évidemment les emprunteurs de la catastrophe mais pénalise les prêteurs (les épargnants), qui ne peuvent compter que sur des taux d'intérêt à long terme extrêmement bas. Une politique qui est également dangereuse pour les investisseurs institutionnels (les assureurs-vie en particulier), qui doivent faire face à des engagements sur leur passif (taux d'intérêt garantis et/ou élevés en raison de la concurrence) correspondant à des rémunérations bien supérieures à celles des dettes sans risque qu'ils détiennent. Autant de raisons pour lesquelles les banques centrales peuvent être tentées de protéger les épargnants et d'éviter une crise financière des investisseurs institutionnels, avec toutefois le risque que, en l'absence d'inflation, les taux d'intérêt réels élevés se révèlent insupportables pour les emprunteurs. Un autre conflit de répartition délicat à trancher, car il s'agit de faire un choix entre deux inconvénients, celui de sacrifier les emprunteurs – souvent des jeunes et des

« entreprenants » – ou celui d'euthanasier les rentiers, ce qui tuerait l'épargne à long terme.

Partage actifs/retraités. Le partage salaires/profits ne constitue pas le seul sujet de conflit potentiel. Il en est un autre tout aussi essentiel pour l'évolution des sociétés contemporaines, c'est celui qui met en jeu les jeunes et les moins jeunes générations à travers le système des retraites. Notamment dans les pays où celles-ci sont gérées essentiellement par répartition. Les « jeunes » cotisent pour payer les retraites des « vieux », comme, plus tard, leurs enfants cotiseront pour payer leurs propres retraites. C'est ce contrat implicite entre générations qui fait la pérennité du système. Mais il peut très bien voler en éclats si les jeunes actifs estiment qu'ils sont largement mis à contribution alors que le rendement du système sera médiocre pour eux, autrement dit que leurs cotisations seront élevées – voire de plus en plus élevées – mais que leur pension future sera faible, voire de plus en plus faible. C'est d'ailleurs une conviction qui s'exprime couramment dans les enquêtes d'opinion : interrogées sur le sujet, les nouvelles générations – on l'a dit – se disent convaincues qu'elles « n'auront pas de retraite ». Le sentiment est sans doute excessif, mais la question est particulièrement sensible dans les pays où le poids de la répartition est élevé, les quatre grands pays de la zone euro en particulier. À commencer par l'Allemagne et l'Italie. Une évolution plus équilibrée, et qui tiendrait compte des perspectives de croissance faible comme du vieillissement, supposerait de faire évoluer le poids des retraites dans le PIB en l'ajustant à la baisse. Or, jusqu'à présent, la générosité du système de retraite n'a diminué qu'en Suède. Ailleurs, le « rendement » de la répartition risque de baisser nettement, en particulier pour les jeunes de la zone euro exposés à la hausse des cotisations sociales. En France, les projections du rapport du Conseil d'orientation des retraites de 2007 (les rapports plus récents ne proposent pas de nouvelles hypothèses) vont dans ce sens. À l'horizon 2060, un employé qui percevrait au moment de son départ à la retraite un salaire de 2 000 euros partirait avec 1 288 euros (soit un taux de remplacement de 64,4 %), et un cadre rémunéré 4 500 euros, avec 1 921 euros (42,7 %). Un niveau sensiblement plus faible que celui d'aujourd'hui. Les générations à venir peuvent alors être tentées de tout faire pour réduire le poids du système, par exemple en jouant de leur pouvoir politique (bien que le vieillissement ne joue pas en leur faveur dans les instances politiques représentatives!), ou d'émigrer dans les pays où les retraites sont gérées par capitalisation et où les perspectives démographiques sont plus favorables (États-Unis, Royaume-Uni, Canada, Pays-Bas, Japon). D'où la nécessité, pour les pouvoirs publics des pays concernés, d'ajuster durablement, dans des conditions d'équité et de transparence, le poids des retraites dans le PIB à la donne démographique avant que ne se produise la rupture du contrat intergénérationnel.

Tous ces déséquilibres sont autant de pathologies d'un capitalisme épuisé par les errements et les dérives des dernières décennies. Ils constituent autant de sources de frustration susceptibles de déboucher sur des conflits de répartition de plus en plus nombreux, de plus en plus violents, jusqu'à finir par remettre en cause la vitalité de nos démocraties. C'est bien ici que la bataille de la productivité, donc de la croissance à long terme, fait la jonction avec l'intérêt supérieur de la nation. Car si le partage du PIB devient un jeu à somme nulle, s'il n'y a plus de surplus à partager, le risque est grand de voir les corporatismes s'en donner à cœur joie et la montée des égoïsmes submerger tout esprit de concorde et d'effort collectif. On commence à observer de telles dérives un peu partout dans les pays occidentaux, aux États-Unis comme en Europe, et notamment en France, où la situation économique et sociale (avec ses spécificités) empire mois après mois. C'est pourquoi nous terminerons cette analyse en formulant une série de propositions concrètes adaptées à la situation française, propositions qu'il est possible de mettre en œuvre immédiatement.

Conclusion

L'urgence d'une thérapie de choc

Et si la croissance ne revenait pas ? Nous savons désormais que l'hypothèse est davantage que l'improbable conjecture d'une poignée de « déclinistes » impénitents. Nous savons aussi qu'il ne s'agit pas uniquement d'une maladie française, mais plutôt d'une affection mondiale qui touche en particulier (mais pas seulement) les économies occidentales. La preuve de l'autre côté du Rhin : même l'économie allemande, facilement perçue de ce côté-ci du fleuve comme « le » modèle économique par excellence, est aujourd'hui confrontée à un sérieux problème de croissance potentielle.

La thèse de la stagnation de longue durée, nouveau mal du siècle, doit donc être prise au sérieux et nous contraint à revoir en profondeur notre manière de réfléchir aux moyens de préserver notre niveau de vie et de continuer à créer des richesses. Pratiquement tous les pays occidentaux sont concernés. Même ceux qui, aujourd'hui, se portent mieux que la France doivent prendre les mesures susceptibles de résoudre les problèmes structurels qui handicapent le niveau du PIB et de la croissance potentielle.

La situation française est toutefois particulièrement préoccupante, et la plupart des experts partagent désormais le diagnostic : les gains de productivité et la croissance potentielle faibles, associés au niveau élevé du coût du travail, dégradent la profitabilité et la compétitivité, minent la capacité à investir, réduisent l'emploi qualifié et entravent l'amélioration des finances publiques, au risque de nous entraîner dans une spirale budgétaire encore plus restrictive (surtout s'il faut respecter les objectifs de déficit public prévus pour les années à venir), ce qui contribue à réduire l'investissement, donc la croissance potentielle, à augmenter l'âge du capital et à appauvrir le niveau de gamme. Un cercle vicieux que rien ne semble pouvoir briser : même si elles vont dans le bon sens, les mesures économiques décidées au cours des dernières années sont insuffisantes pour modifier fondamentalement ce panorama. L'état de la France requiert une thérapie de choc.

Pour conclure, nous nous concentrerons donc sur la situation française en proposant une série de mesures concrètes qui nous paraissent à la fois indispensables et urgentes si l'on veut espérer stopper l'engrenage mortifère dans lequel notre pays est engagé. Et nous essaierons de le faire tout en ayant à l'esprit que, si certaines pistes sont valables pour d'autres pays occidentaux, la situation de l'économie tricolore requiert aussi des mesures spécifiques.

D'abord, nos dirigeants, quels qu'ils soient, doivent avoir une priorité et une seule : desserrer la contrainte qui pèse sur la croissance. Autrement dit, faire en sorte que l'économie française retrouve non seulement un taux de croissance satisfaisant, mais surtout un niveau de production de richesses plus élevé. Ce qui compte, en effet, pour notre niveau de vie futur, pour l'équilibre des finances publiques aussi, c'est le niveau du PIB potentiel à long terme. Et celui-ci dépend avant tout d'une augmentation du taux d'emploi (64 % en 2013).

En France, augmenter le taux d'emploi, c'est d'abord réussir à faire baisser le chômage structurel en ramenant sur le marché du travail ceux qui en sont exclus, souvent depuis longtemps. À commencer par les jeunes. 15 % des jeunes Français de 18 à 25 ans – faut-il le rappeler ? – n'ont ni emploi, ni formation, ni ressources. Près d'un jeune sur quatre est au chômage. Un sur deux dans certaines zones défavorisées. Quant au chômage de longue durée (plus d'un an), il atteint une ampleur sans précédent et touche 2,2 des 5 millions de personnes recensées hors de l'emploi en France métropolitaine. 1,1 million de demandeurs d'emploi sont inscrits à Pôle emploi depuis plus de deux ans, un chiffre multiplié par deux depuis 2007.

La première condition pour leur permettre de retrouver un emploi est de lever les obstacles à l'embauche des peu qualifiés en abaissant le coût du travail. Le niveau actuel du smic (1 445,38 euros brut mensuels, soit 1 128,70 euros net) est particulièrement élevé lorsqu'on le compare au salaire médian (62 %), autrement dit le salaire qui sépare les travailleurs en deux groupes égaux (ceux qui gagnent plus, ceux qui gagnent moins). C'est la raison pour laquelle nous préconisons une baisse du smic à 50 % du salaire médian, c'est-à-dire à un niveau équivalant à la moyenne observée dans les pays de l'OCDE. Une telle mesure doperait fortement l'emploi non qualifié, car, dans cette catégorie, la réactivité de la création d'emploi à l'évolution du coût du travail (ce que l'on appelle l'élasticité de l'emploi au coût du travail) est forte. Il est évidemment politiquement très difficile de décider de baisser le niveau du smic, mais il s'agit d'une mesure essentielle pour favoriser le retour à l'emploi de nombreux chômeurs, souvent de très longue durée. Nous proposons de compenser la baisse de rémunération qui en résulterait en concentrant les prestations sociales (famille, logement, une partie de la santé) sur les ménages aux revenus les plus modestes. Il faut lutter contre la pauvreté, d'autant que celle-ci ne cesse de gagner du terrain, mais avec d'autres instruments qu'un salaire minimal élevé.

Le retour à l'emploi, en particulier celui des plus fragiles, des moins qualifiés, passe aussi par une réforme en profondeur du système éducatif, en particulier des formations techniques jusqu'à la formation professionnelle en passant par l'apprentissage et l'alternance, dont l'inefficacité croissante s'accompagne d'une dégradation insidieuse des compétences de la population active (l'enquête PIAAC sur les compétences des adultes place la France en avant-dernière position des pays de l'OCDE). Il existe trop peu de filières de formation techniques et professionnelles, y compris universitaires ; trop peu de filières de formation qualifiante des adultes aussi. À budget constant, il est urgent de reconstruire un équilibre et une cohérence entre la formation des « élites » et les formations intermédiaires dont les PME et les entreprises de taille intermédiaire ont besoin. Quant à l'apprentissage et aux formations en alternance, ils représentent un parcours efficace vers l'emploi des jeunes. Or il y a bien trop peu d'« alternants » dans l'Hexagone (environ 300 000, contre 1,3 million en Allemagne), et leur nombre est en baisse, ce qui n'est guère rassurant. Par ailleurs, pourquoi ne pas faire de la formation professionnelle, qui nécessiterait globalement un débat sérieux sur les contenus et les objectifs, une priorité pour les chômeurs de longue durée et les personnes éloignées de l'emploi, par exemple à travers les modalités du compte personnel de formation prévu dans la loi de février 2014 ?

Enfin, il y a une dernière mesure indispensable à l'augmentation du PIB potentiel : le recul immédiat de l'âge de la retraite. Les Français travaillent quarante ans en moyenne, et si on repoussait l'âge de la retraite d'une année seulement, on augmenterait de 2,5 % les ressources en emploi. À supposer que le capital suive le mouvement, le niveau de PIB augmenterait lui aussi de 2,5 %.

Desserrer la contrainte qui pèse sur la croissance et retrouver un niveau de PIB potentiel plus élevé, c'est la priorité des priorités. Ces propositions peuvent et doivent être mises en œuvre sans délai, mais il est impossible de savoir dans quelle mesure et à quel horizon elles pourront produire leurs effets. D'ici là, le risque est grand de voir la société française se déchirer sous la pression des efforts qu'il va falloir consentir, faute d'avoir pris ces décisions il y a des années, voire des décennies. Là réside le deuxième défi majeur des années qui viennent : pour que ces réformes nécessairement douloureuses soient vécues comme supportables, elles doivent être perçues comme aussi équitables et équilibrées que possible dans un contexte où la montée des inégalités exaspère les tensions.

D'où une deuxième série de propositions organisées autour d'un meilleur partage des efforts (salaires/profits, actifs/retraités, précaires/qualifiés, prêteurs/emprunteurs...), partage dont l'État doit se porter garant en imposant ou en renégociant un certain nombre de paramètres clés.

Le premier d'entre eux concerne le niveau des dépenses de retraite dans le PIB. Pour préserver le contrat implicite entre les générations, dans un contexte de croissance faible et de vieillissement, il est essentiel sinon d'ajuster à la baisse la générosité du système, du moins de s'engager à stabiliser la part des retraites dans le PIB et de placer toutes les négociations portant sur les systèmes de retraite sous cette contrainte (ce qui n'empêcherait nullement les partenaires sociaux de jouer sur les autres paramètres : montant, âge de la retraite, etc.).

Le deuxième paramètre porte sur la question du partage salaires/profits. La situation atypique de la France, où les salaires réels ne réagissent vraiment ni à la montée du chômage, ni à la dégradation des profits, à rebours de celle des autres pays de l'OCDE, invite à réintroduire la productivité comme élément central des négociations salariales et à interdire aux entreprises d'augmenter les salaires réels (calculés avec les prix de vente de l'entreprise, entreprise par entreprise) dans des proportions supérieures à la hausse de la productivité du travail dans l'entreprise. Ce serait à la fois un moyen supplémentaire de réguler le coût du travail et de rééquilibrer le partage salaires/profits dans notre pays.

Le troisième paramètre concerne la structure du marché du travail, que tout le monde s'accorde à considérer en France comme particulièrement inégalitaire. Dans les crises, ce sont les jeunes, les salariés peu qualifiés, les précaires (les *outsiders*), qui paient le plus lourd tribut et jouent le rôle de « variables d'ajustement », quand les plus qualifiés et les mieux protégés par un emploi stable (les *insiders*) sont préservés. Le pacte de responsabilité aurait été efficace s'il avait été associé à une réforme profonde du marché du travail conduisant à l'arrêt de la progression trop rapide des salaires réels par rapport à la productivité. L'existence d'une majorité de salariés protégés par des contrats de travail permanents, alors que le chômage décime la cohorte des salariés non protégés ayant des contrats courts, permet aux salariés protégés d'obtenir ces hausses excessives de salaires. D'où la nécessité de remédier à la dualité du marché du travail en faisant converger progressivement CDI et CDD vers un contrat de travail unique, rapprochant ainsi la protection de l'emploi de ceux qui ont un emploi stable et de ceux qui sont au chômage ou dans le travail précaire, à commencer par les jeunes.

Le quatrième chantier de l'État est celui de ses propres dépenses. S'il faut concentrer et renforcer les prestations sociales sur les revenus les plus modestes afin de compenser une baisse du smic, il est impératif de faire maigrir les dépenses publiques, qui, avec 57 % de PIB, se situent six points au-dessus de la moyenne de la zone euro, en posant des choix budgétaires courageux et en faisant le tri dans les transferts publics qui profitent surtout aux salariés protégés (aides à l'achat d'automobiles, de logements, etc.).

Enfin, lorsqu'une longue période de faible croissance succède à une période plus porteuse, il est indispensable d'accompagner les « entreprenants » de tous horizons en menant une politique monétaire favorable aux emprunteurs. Concrètement, cela signifie maintenir durablement des taux d'intérêt inférieurs au taux de croissance afin d'aider ceux qui se sont beaucoup endettés au cours de la période de croissance forte antérieure à rembourser leur dette tout en stimulant l'investissement susceptible de redresser la croissance potentielle.

Résumons-nous. Voici les dix mesures qui nous semblent aujourd'hui prioritaires.

- Ramener le niveau du smic à 50 % du salaire médian, contre 62 % actuellement.
- Compenser la baisse du smic par des dépenses de transfert pour les revenus les plus modestes, tout en plaçant les prestations sociales (famille, logement, une partie de la santé) sous stricte condition de ressources.
- Investir massivement sur les formations techniques et professionnalisantes, notamment l'apprentissage et l'alternance.
- Repousser immédiatement d'une année l'âge de la retraite pour tous.
- Définir une part stabilisée des dépenses de retraite dans le PIB (par exemple au niveau actuel, soit 14 %) et placer toutes les négociations portant sur les systèmes de retraite sous cette contrainte.
- Réintroduire la productivité comme élément central des négociations salariales et interdire aux entreprises d'augmenter les salaires réels davantage que les hausses de la productivité du travail dans l'entreprise.
- Faire converger progressivement CDI et CDD vers un contrat de travail unique et rapprocher ainsi la protection de l'emploi de ceux qui ont un emploi stable (*insiders*) et de ceux qui sont au

chômage ou dans le travail précaire (*outsiders*), à commencer par les jeunes.

- Limiter au strict minimum les transferts publics (aides à l'achat d'automobiles, de logements, etc.) qui profitent surtout aux salariés protégés.
- Faire des choix et recentrer les dépenses publiques sur les priorités afin de les faire revenir dans la moyenne de la zone euro (soit six points de PIB, autrement dit quelque 120 milliards d'euros de moins).
- Pratiquer durablement une politique monétaire favorable aux emprunteurs, en maintenant des taux d'intérêt inférieurs au taux de croissance afin d'aider les acteurs économiques endettés à gérer leur dette, et les «entreprenants», à financer leurs investissements (cela est du ressort de la BCE).

Pour conclure, il nous paraît essentiel de réaffirmer ici qu'il ne s'agit pas, avec ces propositions, de penser et de faire penser que l'économie constitue l'horizon indépassable d'un projet collectif, et que «les entreprises vont sauver la France», pour reprendre la question lancée par une émission diffusée en novembre 2014 sur France 2. Pour autant, notre pays ne peut s'affranchir de la nécessité de s'intégrer dans l'économie contemporaine et de tenir compte de la révolution que représente la mondialisation. Ce n'est pas l'effacement progressif de la cinquième puissance économique mondiale et la baisse généralisée du niveau de vie des Français qui lui permettront de garantir l'avenir des générations futures et de jouer son rôle dans le monde qui vient.

Si le redressement économique constitue une condition nécessaire à la préservation de l'un et de l'autre, il n'est évidemment pas suffisant. Et ne peut, de toute manière, réussir que si le pays est capable de se rassembler autour d'un projet commun. Pour que la mélancolie et les pulsions d'autodestruction se transforment en élan collectif, les Français ont toujours eu besoin de comprendre pourquoi ils devaient payer des impôts (de plus en plus), accepter de changer leurs habitudes et faire des sacrifices. Ils ont besoin de mettre leurs efforts au service d'un projet collectif qui transcende les aspirations individuelles. C'est à ce prix que les efforts qui s'imposent aujourd'hui, non sans une certaine violence sociale parce que nos dirigeants n'ont pas su ni voulu réformer depuis des décennies, ne seront pas facteurs de décomposition sociale et d'affrontement.

Pour sortir du dilemme entre croissance et guerre civile froide, il revient à nos dirigeants de redonner du sens au collectif, de rééquilibrer la répartition des efforts et de garantir aux jeunes et aux plus «entreprenants» les moyens de préparer l'avenir. Avec, à l'esprit, que si demain la prospérité doit être plus modeste, il est essentiel qu'elle soit mieux partagée. C'est ainsi que la France affirmera son identité et se donnera les moyens de rester une espérance à une époque où, face à la montée des nationalismes, le monde attend un nouveau projet de civilisation.

Pour aller plus loin

«Is US Economic Growth Over? Faltering Innovation Confronts the Six Headwinds», août 2012, et «The Demise of US Economic Growth : Restatement, Rebutall and Reflections», février 2014, Robert J. Gordon, National Bureau of Economic Research, www.nber.org

Discours de Larry Summers à la 14ᵉ conférence annuelle Jacques Polak du FMI, 8 novembre 2013, www.larrysummers.com

«Perspectives de l'OCDE sur les compétences 2013. Premiers résultats de l'évaluation des compétences des adultes», décembre 2013, www.ocde.org

«Pacte pour la compétitivité de l'industrie française», rapport de Louis Gallois, novembre 2012, www.ladocumentationfrancaise.fr

«Croissance de la productivité : quelles perspectives pour la France?», Gilbert Cette, 26 septembre

2013, et, du même auteur : « Does ICT Remain a Powerful Engine for Growth ? », conférence annuelle de l'Association française de science économique, Aix-en-Provence, 5-6 juin 2013. www.afse.fr

« Quelle France dans dix ans ? Les chantiers de la décennie », Rapport sous la direction de Jean Pisani-Ferry, commissaire général à la stratégie et à la prospective, France Stratégie, juin 2014, www.strategie.gouv.fr

The American Technological Challenge : Stagnation and Decline in the 21th Century ?, Jan Vijg, Algora Publishing, 2011.

« Generational Inequalities and Welfare Regimes », Louis Chauvel et Martin Schröder, revue *Social Forces*, juin 2014, www.sf.oxfordjournal.org

Table des matières

Introduction 7

Chapitre 1
Ne rêvons pas, la croissance ne reviendra pas !

La croissance n'est pas là pour toujours 18
La stagnation éternelle, perspective aussi peu
réjouissante que le repos éternel 22
Une croissance quasi nulle en zone euro
pour les dix ans qui viennent 27

Chapitre 2
Au commencement était « la mesure de notre ignorance »…

La productivité globale des facteurs stagne ou recule
un peu partout dans le monde 34

Chapitre 3
Des chercheurs qui trouvent de moins en moins

Des molécules de plusieurs milliards de dollars.........	46
La « falaise des brevets », une saignée d'au moins 150 milliards de dollars	50
550 milliards de dollars de valeur détruits en dix ans	55

Chapitre 4
Une ruée vers l'or noir de plus en plus ruineuse

La productivité des dépenses en exploration-production s'est effondrée..	62
Des pétroles non conventionnels au coût marginal prohibitif.................................	66
L'augmentation de l'intensité capitalistique va de pair avec le ralentissement de la croissance.......	70

Chapitre 5
Schumpeter, reviens, ils sont devenus fous !

Vers une « tertiarisation » accélérée de l'économie mondiale...	76
L'aide à domicile championne des créations d'emplois	81
Ne désespérons pas pour autant de Joseph Schumpeter	84

Chapitre 6
Pas de croissance sans compétences

Une question de survie individuelle et collective.......	92
En 2020, 90 % des emplois exigeront des compétences numériques...................	96
Un jeune Français sur dix ne maîtrise pas les savoirs de base	101
Dans les PME françaises, trop d'outils ont l'âge du plan Marshall!....................	106

Chapitre 7
Comment faire mentir le « paradoxe de Gordon » ?

Les NTIC sont-elles porteuses d'une grande révolution industrielle?...................	110
« Nous rêvions de voitures volantes, nous avons eu les 140 caractères! ».................	114
La comptabilité nationale incapable de mesurer les gains de productivité liés à Internet	118

Chapitre 8
Le scénario qui déchire (le tissu social)

Les anabolisants budgétaire et monétaire ne peuvent soigner l'économie réelle.........................	126
La menace d'une baisse généralisée du niveau de vie.	131
Pigeons, cigognes, poussins, dindons, moutons, dodos, ou le retour des corporatismes...............	136

Chapitre 9
Un nouveau partage pour éviter l'affrontement

La disparition des gains de productivité,
maladie pernicieuse de l'économie réelle.................. 144
La croissance ou l'affrontement?............................... 151

Conclusion
L'urgence d'une thérapie de choc

Pour aller plus loin 179

Déjà parus dans la collection
dirigée par Olivier Pastré

La Société translucide, Augustin Landier et
David Thesmar
Le Choc des populations. Guerre ou paix, sous la direction
de Pierre Dockès et Jean-Hervé Lorenzi
La Guerre des empires, Chine contre États-Unis,
François Lenglet
On nous ment. Vérités et légendes sur la crise, Olivier Pastré
et Jean-Marc Sylvestre
La France sans ses usines, Patrick Artus et
Marie-Paule Virard
Repenser l'économie, l'économie bottom-up, Olivier Pastré
*Les Apprentis sorciers, 40 ans d'échecs de la politique
économique française,* Patrick Artus et Marie-Paule Virard
Le Vilain Petit Qatar, cet ami qui nous veut du mal,
Nicolas Beau et Jacques-Marie Bourget
Tout va bien (ou presque), Olivier Pastré et
Jean-Marc Sylvestre
Et si le soleil se levait à nouveau sur l'Europe?, sous la
direction de Christian de Boissieu et Jean-Hervé Lorenzi
Guerre et Paix entre les monnaies, Jacques Mistral

*Cet ouvrage a été imprimé par
CPI Bussière à Saint-Amand-Montrond
pour le compte des Éditions Fayard
en février 2015*

Dépôt légal : février 2015
N° d'édition : 47-3341-5/02 – N° d'impression : 2014645
Imprimé en France

Pour l'éditeur, le principe est d'utiliser des papiers composés de fibres naturelles, renouvelables, recyclables et fabriquées à partir de bois issu de forêts qui adoptent un système d'aménagement durable.
En outre, l'éditeur attend de ses fournisseurs de papier qu'ils s'inscrivent dans une démarche de certification environnementale reconnue.